ZHIHU
Daily Q&A
2024

知乎——编著

電子工業出版社
Publishing House of Electronics Industry
北京 · BEIJING

01

一	二	三	四	五	六	日
01	02	03	04	05	06	07
08	09	10	11	12	13	14
15	16	17	18	19	20	21
22	23	24	25	26	27	28
29	30	31				

02

一	二	三	四	五	六	日
			01	02	03	04
05	06	07	08	09	10	11
12	13	14	15	16	17	18
19	20	21	22	23	24	25
26	27	28	29			

03

一	二	三	四	五	六	日
				01	02	03
04	05	06	07	08	09	10
11	12	13	14	15	16	17
18	19	20	21	22	23	24
25	26	27	28	29	30	31

04

一	二	三	四	五	六	日
01	02	03	04	05	06	07
08	09	10	11	12	13	14
15	16	17	18	19	20	21
22	23	24	25	26	27	28
29	30					

05

一	二	三	四	五	六	日
		01	02	03	04	05
06	07	08	09	10	11	12
13	14	15	16	17	18	19
20	21	22	23	24	25	26
27	28	29	30	31		

06

一	二	三	四	五	六	日
					01	02
03	04	05	06	07	08	09
10	11	12	13	14	15	16
17	18	19	20	21	22	23
24	25	26	27	28	29	30

07

一	二	三	四	五	六	日
01	02	03	04	05	06	07
08	09	10	11	12	13	14
15	16	17	18	19	20	21
22	23	24	25	26	27	28
29	30	31				

08

一	二	三	四	五	六	日
			01	02	03	04
05	06	07	08	09	10	11
12	13	14	15	16	17	18
19	20	21	22	23	24	25
26	27	28	29	30	31	

09

一	二	三	四	五	六	日
						01
02	03	04	05	06	07	08
09	10	11	12	13	14	15
16	17	18	19	20	21	22
23	24	25	26	27	28	29
30						

10

一	二	三	四	五	六	日
	01	02	03	04	05	06
07	08	09	10	11	12	13
14	15	16	17	18	19	20
21	22	23	24	25	26	27
28	29	30	31			

11

一	二	三	四	五	六	日
				01	02	03
04	05	06	07	08	09	10
11	12	13	14	15	16	17
18	19	20	21	22	23	24
25	26	27	28	29	30	

12

一	二	三	四	五	六	日
						01
02	03	04	05	06	07	08
09	10	11	12	13	14	15
16	17	18	19	20	21	22
23	24	25	26	27	28	29
30	31					

2024 甲辰

ZHIHU
Daily Q&A
2024

甲辰

知乎BOOK

知乎好问

知乎 —— 编著

知乎好问·甲辰「龙」

01

	一	二	三	四	五	六	日
1	1	2	3	4	5	6	7
2	8	9	10	11	12	13	14
3	15	16	17	18	19	20	21
4	22	23	24	25	26	27	28
5	29	30	31				

01 | 01

星期一 元旦

新的开始 你对自己有什么期盼?

01 | 01

星期一 冬月二十

无论工作和生活是怎样的，都要追求热爱的事物；要磨练自己的情商，培养良好的人际关系；要一直对自己有要求，持续学习和成长，保持健康的生活方式；要感恩平台的托举，也要给予和回馈社会。总之，人生应该活得有意义、有价值，以自己的方式去寻找幸福和满足感。不要过多关注他人的评价或标准，而是跟随自己的内心去寻找人生的意义和价值。

@ 孙悦礼

01 | 02

星期二 冬月廿一

新的一年想培养一种运动习惯，什么运动比较好？

01 | 02

星期二 冬月廿一

从培养习惯的角度来说，跑步是最好的运动。对不常运动的人来说，想要培养运动习惯，从事的运动最好有以下特点：容易入门、场地要求低、受伤概率低、人数要求低。综合来看，最符合条件的就是跑步：非常容易入门，有腿就能跑；场地基本无要求，马路、公园、河边、跑步机，甚至客厅、楼顶都可以；受伤概率较低；一群人可以，一个人也可以。

@十七

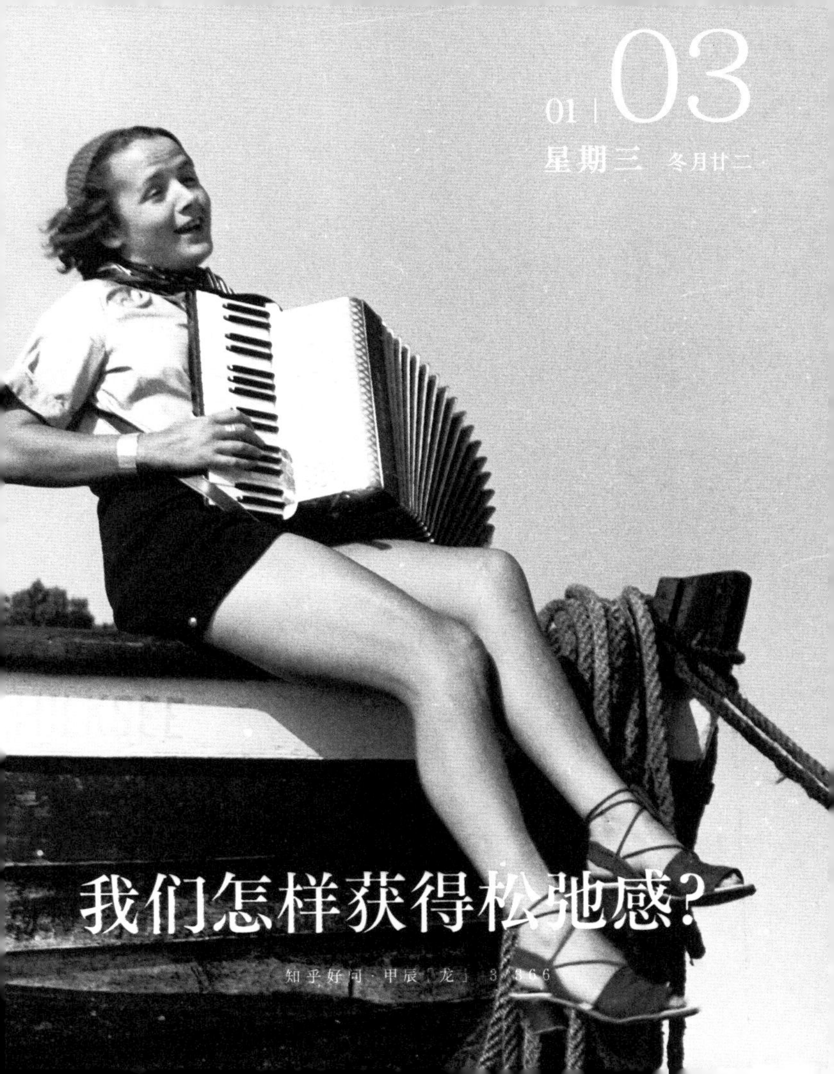

01 | 03

星期三 冬月廿二

我们怎样获得松弛感？

01 | 03

星期三 冬月廿二

缺乏松弛感，本质上是因为对犯错和表现得不完美的恐惧。因此如果能够尝试主动接纳、承认自己的错误，然后再去改正，就会打破这种恐惧和紧张的强化循环，从而走出紧张和焦虑，获得“松弛感”。这样的松弛感并非缺乏上进心的表现，反而可以让一个人获得长远的进步，因为松弛感可以减轻紧张和焦虑对自己的负面影响，可以让人更加积极地面对自己的缺陷，而不是掩饰、逃避它。

@小如

01 | 04

星期四　冬月廿三

如果生活的口味由你决定，你会给新的一年加点什么？

01 | 04

星期四 冬月廿三

直面恐惧的勇气和希望。

新年换了新的日程本，扉页写了两句送给自己的话——

Follow your fear. Never run away from it.（追随恐惧，从不逃避。）

@ 头圆的敦敦

01 | 05

星期五 冬月廿四

有哪些关于兔子的冷知识？

01 | 05

星期五 冬月廿四

大多数兔子的身体里含有一种色素，决定着毛与眼睛的颜色。白色兔子身体里不含色素，所以它的毛是白色的，眼球也是无色透明的。因为眼球里有很多血管，里面有血液不停地流动着，所以小白兔的眼睛是红色的。

@ 少女鹿西

01 | 06

星期六 冬月廿五

小寒

01 | 06

星期六　小寒

为何大米一般都是真空包装，而面粉不是？

01 | 07

星期日 冬月廿六

01 | 07

星期日 冬月廿六

和很多谷物一样，大米代表性的香味物质主要分布在大米的表面。从大米生产出来开始，米香味就在不断地挥发、损失。敞开存放的话，一般 2 ～ 3 个月，香味物质大概就会跑掉一半，真空包装能有效减少香味损失。真空包装的低氧环境也能抑制大米长虫（常指米象）。米象在加工时会被除掉，但虫卵会藏在米粒内部，并在适宜的条件下孵化。而真空时的低氧环境，可以抑制米象虫卵的活性，也就是大大降低它们的孵化速度。综上，大米之所以真空包装，是想让大米的品质保持在刚出厂时的巅峰状态：香，且不长虫。

@ 开尔文

01 | 08

星期一　冬月廿七

如果可以进入一本书里生活，你最想成为谁?

01 | 08

星期一 冬月廿七

如果可以，我要做基度山伯爵。有恩报恩，有仇报仇。当善良被践踏、友谊被背叛、亲人被伤害的时候，能够不被打趴下，能在绝望中熬过来，也能在漫长的岁月中隐忍筹谋，始终不放弃，最终让恶人得到应有的惩罚。

@ 阿喜玛雅

01 | 09

星期二　冬月廿八

三九天是如何计算得来的？

01 | 09

星期二　冬月廿八

俗话说“数九寒天”，那么这寒冷的数九天从哪天开始呢？据说数九天应该是从冬至日后的第一个壬日算起，每九天为一个单位，依次称为一九、二九、三九，直至九九天，到九九天时，就已经是生机盎然的仲春之月了（据说三九天是最冷的）。然而，按照我国当前通行的日历，数九天是从冬至日当天算起的，农谚所谓的“春打六九头”也证实了这一点。也就是说，认可“春打六九头”，也就等于认可了数九天是从冬至日当天算起的。

@ 子夏故坛

01 | 10

星期三　冬月廿九

一台相机能用几年？如何护理保养？

01 | 10

星期三 冬月廿九

我认为相机的正常寿命应该在 10 年上下（单纯日常使用，没有外界环境因素影响，如不磕碰、受潮）。关于护理保养，可以从外界因素防护和日常保养入手。外界防护包括防水、防高温、防磕碰。

日常保养细节包括：

1. 使用吹风机和刷子将较大的灰尘颗粒从齿轮表面吹走；
2. 使用镜头布轻轻擦拭相机，除去细小的顽固颗粒；
3. 使用清洁液清洁污点；
4. 使用吹风机清除相机内部的灰尘，将镜头方向朝下，更容易将灰尘吹落；
5. 如果使用吹风机后灰尘颗粒仍留在传感器上，请将相机设置为清洁模式，并使用凝胶棒或棉签慢慢清除。

@ 卡老板 Camille

01 | 11

星期四 腊月初一

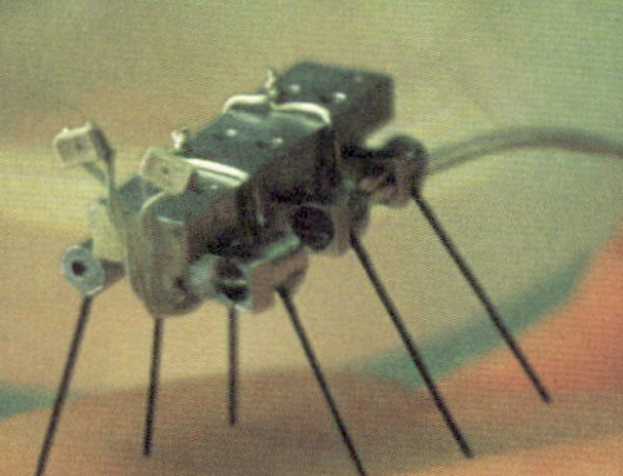

大多数昆虫是怎么过冬的?

01 | 11

星期四　腊月初一

大多数昆虫靠“肉身硬扛”过冬。冬天它们会躲藏在落叶下、土壤中、树皮缝里之类的地方，这样主要是为了避免被天敌吃掉。有毒性、带警戒色的昆虫在过冬时常常聚集起来，以威慑天敌，如瓢虫和君主斑蝶。也有许多昆虫选择迁徙来躲避寒冬（如夜蛾和飞虱等），到了冬季就会成群飞往南方省份，许多被看作迁飞害虫。一些昆虫在冬季可以正常活动，或者本就只在低温下生存，如属于冬大蚊科（Trichoceridae）的昆虫，人们常能看见它们在雪地上活动。

@斜绿天蛾

01 12

星期五 腊月初二

为什么鼠标下面的传感器灯光都是红色的?

01 | 12

星期五 腊月初二

底部有红色光的鼠标，是光学鼠标的一种。在光学鼠标中，红色光是最常见的，蓝色光也经常能看到。有些鼠标底部不发光，是因为用了不可见光，如红外光谱 LED。使用红色光有两个原因：一是红色 LED 用量最大，成本最低；二是光电接收器中的硅光电传感器对颜色比较敏感，使用红色光的效果比较好。

@ 森山

01 | 13

星期六 腊月初三

你知道哪些名人鲜为人知的一面？

01 | 13

星期六 腊月初三

《爱丽丝漫游奇境记》的作者叫刘易斯·卡罗尔（Lewis Carroll）。这本书出版之后，各界反响很强烈，作者也有了不少粉丝，其中就包括当时的英国女王维多利亚。她看过之后吩咐左右，如果卡罗尔先生再有什么著作一定要拿给她看看。于是不久之后，女王陛下收到了《行列式初步及其在线性与代数方程组中的应用》——刘易斯·卡罗尔的本职是一名数学家。

@ 放际

01 | 14

星期日 腊月初四

大熊猫为什么不需要冬眠？

01 | 14

星期日 腊月初四

因为它们会迁徙，不是南北迁徙，而是上下迁徙。1991 年，科学家对陕西佛坪自然保护区的大熊猫进行了长时间的观察，发现大熊猫从每年 10 月到次年 5 月，一年里有 8 个月的时间会待在低海拔地区，也就是它们的冬季栖息地；而 6 月到 9 月，会待在高海拔地区的夏季栖息地。由此可见，大熊猫大部分时间都是在冬季栖息地度过的。所以，大熊猫不冬眠，它们忙着“搬家”呢！

@ 苏澄宇

葡萄上的白霜是什么？

01 | 15

星期一 腊月初五

01 | 15

星期一 腊月初五

新鲜的葡萄上总能看到一层“白霜”，让人感觉葡萄这种水果比较脏。但其实，这层“白霜”并不是坏东西。它叫“果粉”，是一些不溶于水的糖醇类物质。对我们来说，它的主要作用是隔水：一方面可以让葡萄的表面保持干燥，避免微生物生长；另一方面也让摘下的葡萄不至于快速失水而变得干皱。

@ 开尔文

01 | 16

星期二 腊月初六

香水里的麝香是什么？

01 | 16

星期二 腊月初六

麝香原本是雄麝的肚脐和生殖器之间腺囊的分泌物。它是一味名贵的中药材，能够活血通络、开窍醒脑、催产等。香水里的麝香，基本都是人造麝香。而人工合成的麝香在使用研发的这么多年来，持续受到评估，也没有文献研究表明它对人体有害，已经算是比较稳定的了。香水原料也要考虑成本和合法性，现在基本用不到天然麝香啦！

@御苒

假如四大名著仅存一套在世，你必须烧书取暖，好扛到救援队来，你会以什么顺序来烧？

01 | 17

星期三　腊月初七

01|17

星期三 腊月初七

保暖这事儿啊，主要还是得节流。把四本书都拆成一页一页的，然后揉一下，搞皱它，但不要弄破，往裤腿、衣袖、前襟、后背、裤裆里塞。理论上一本书塞完，你就和穿了件棉袄一样，不会那么冷了。原理很简单，空气是热的不良导体，你把纸弄皱了，填进衣服里，它就帮你撑起了空气层，于是你的体温就不再降低了。把书做成“棉袄”后，你完全可以撑到来年春暖花开，到时候，就可以把书页抽出来展平，按照内容、页码分类，重新装订……

@invalid s

01 | 18

星期四 腊八节

腊月初八为什么要喝腊八粥？

01 | 18

星期四 腊月初八

今儿农历腊八，按例，该喝腊八粥。

南宋《梦粱录》里说：“此月（十二月）八日，寺院谓之‘腊八’，大刹等寺，俱设五味粥，名曰‘腊八粥’。”腊八粥又叫“佛粥”。《东京梦华录》说得更明白些：“初八日，街巷中有僧尼三五人作队念佛……诸大寺作浴佛会，并送七宝五味粥与门徒，谓之‘腊八粥’。都人是日各家亦以果子、杂料煮粥而食也。”

宋朝人已经这么集体煮粥了——好吃就行了，别想那么多。

因为说直白点：大多数纪念日，普通百姓就是想找个由头吃顿好的。千年如此。

@ 张佳玮

如果大海全部被冻住，海底的冰会发生什么现象？

01 | 19

星期五 腊月初九

01 | 19

星期五 腊月初九

海底的海水当然可以结冰，甚至不需要多低的温度。在降温缓慢受力均匀的情况下，冰在高压的作用下不会破碎，只会发生相变，转变为不同的晶体结构——遗憾的是，在地球上你是没希望看到相变的发生了。

@ 好大的风

01 | 20

星期六 腊月初十

大寒

01 | 20

星期六 大寒

01 | 21

星期日 腊月十一

地球能容纳多少人口?

01 | 21

星期日 腊月十一

从粮食供给角度（能以最低标准养活所有人）看，地球极限情况下大约能容纳 370 亿人口。如果从太阳能角度（假设能完全利用太阳能），地球极限情况下大约能容纳 2000 万亿人口。如果把容纳理解为空间上的容纳，地球极限情况下大约能容纳 3000 万亿人口。

@ 大模头

01 | 22

星期一 腊月十二

哪些看似无害的两个事物，组合起来却极其致命？

01 | 22

星期一 腊月十二

“懒觉”和“我妈”。

@ 你猜

为什么医生、律师、教师等传统职业都是越老越吃香？

01 | 23

星期二 腊月十三

01 | 23

星期二 腊月十三

记得当年我们上法学院的时候，刑法学试卷考了一个非常冷门、生僻的罪名，大家普遍没有答出来。

有些同学不满，抱怨教授们出的题太偏。因为大家考前复习的时候，都只复习了重点罪名，也就是那些常见的罪名，对不常见的罪名没有过多关注，大家默认考试不会考。结果这次考试就出乎意料了。

刑法教授可能也知道这个问题，还专门在课堂上做了解释。

他说：“等你们以后成了法官、检察官、律师，你们就会知道，犯罪分子不会专门挑你们熟悉的重点罪名犯事。”同学们因此哑口无言。

@ 猴子老湿

01 | 24

星期三 腊月十四

梨肉里面的硬颗粒是什么？

01|24

星期三 腊月十四

这些硬颗粒是梨果肉里的石细胞团。石细胞是植物中的厚壁细胞，它有厚的、木质化的细胞壁，吃起来和沙子一样。梨的果肉由花托发育而来，发育初期，花托全为薄壁细胞，随后，一些薄壁细胞的细胞壁增厚，内容物被吸收后成为“厚壁中空细胞”，也就是石细胞的原基细胞。这些原基细胞形成团，并且不断增大，细胞壁也不断增厚，最终形成石细胞团。

@ 艾比斯

01 | 25

星期四　腊月十五

地球资源够不够外星人来一次的油费？

01 | 25

星期四 腊月十五

太空飞行和开车不一样，不需要途中找路过的星球停下加油，因为太空中不存在实质性的阻力。太空飞行是在加速完成后利用惯性飞行的，不会停下来，关掉引擎后，惯性依旧会让你向目标飞。相反，中途要停下来的话，才需要启动引擎来减速，把速度降低到足以被目标星球的引力俘获才能进入轨道，否则只会飞掠而过。因此在星际航行里除非发生非常紧急的事，否则是不可能中途找星球停下加油的，因为那样毫无意义，反而会额外损耗引擎，还无故增加航行时间。

@ncc21382

01 | 26

星期五　腊月十六

你上学时有过什么好笑的事情吗?

01 | 26

星期五 腊月十六

高三那年冬天，我在窗边坐，用一张纸，在窗户上擦出了班主任的双眼，然后不好意思地哈了口气，嘿，把班主任的双眼又盖了回去……

@陈默不留白

能用嘴巴给我炒一桌菜吗?

01 | 27

星期六 腊月十七

01 | 27

星期六 腊月十七

妈妈熟练地叹一口气，走进厨房。打两个鸡蛋，把它们坠在碗里的面粉上，加点水，搅拌，再加点盐、加点糖。直到面、鸡蛋、盐、糖勾兑好了“感情”，像鸡蛋那样能流、能坠、能在碗里滑了，就撒一把葱。在锅里倒油，转一圈，起火。看着葱都沉没到面里头了，把面粉绕着圈倒进锅里，铺满锅底。没一会儿，与锅接触的一面煎得微黄、有“滋滋”声、有面香了，她就把面翻个儿。等两面都煎黄略黑、泛起焦香时，她把饼起锅，想了想，再洒上一点白糖。糖落在热饼上，会变成甜味的云。

@ 张佳玮

01 | 28

星期日　腊月十八

人如果需要充电，一个正常人一天要消耗多少度电？

01 | 28

星期日 腊月十八

按照成年男子一天消耗 2000 大卡的热量计算，2000 大卡 ≈ 8400 千焦 ≈ 2.33 千瓦时。也就是说，每个人每天的代谢大概需要 2.33 度电。嗯，对比某些一小时随随便便耗一度电的台式电脑，突然觉得人类真是节能环保的典范……

@ 好大的风

有哪些让人不慎暴露身份的行为?

01|29

星期一 腊月十九

在电影院里看甄子丹的打戏，看到他一拳打到对方太阳穴，对方直接“歇菜”。我一边抓起爆米花塞嘴里，一边说：“急性硬脑膜外血肿，颞骨骨折，抓紧时间开颅就能活，哪儿那么容易就‘挂’了。”隔壁一个老兄转过来：“兄弟脑外科的？”“哟呵，是呀，您哪科的呀？”“我口腔的，我一直在瞄前两拳敲出的牙是第几恒磨牙，还没瞅见呢。”“同志！同志！”

@赵尔福

01 | 30

星期二 腊月二十

人类目前最有可能耗尽的矿物资源是什么？有什么替代品？

01 | 30

星期二 腊月二十

没有。在可预见的未来里，人类不会耗尽地球上的任何矿产资源。地壳深处有大量资源，其主体还没有被充分考察。开采它们比开采现在的浅层、表层矿物更贵。上地幔里的巨量矿物、地核的矿物、太阳系内其他天体上的矿物几乎未被探测。此领域的科学家经常说“存量少到价格明显上升的矿物会被替代资源取代，而不会真正用尽”。其实，更常见的情况是，人们会在资源明显涨价之前加强回收。

@赵冷

01 | 31

星期三 腊月廿一

“以为会碾压，结果被秒杀”的例子有哪些？

01|31

星期三 腊月廿一

南方的冬天。

@非癯仙

FEBRUARY

02

知乎好问·甲辰「龙」

02

	一	二	三	四	五	六	日
5				1	2	3	4
6	5	6	7	8	9	10	11
7	12	13	14	15	16	17	18
8	19	20	21	22	23	24	25
9	26	27	28	29			

鱼的记忆是否真的只有7秒，传言从何而来？

02|01

星期四　腊月廿二

02 | 01

星期四 腊月廿二

鱼：“胡说！假的！我的记忆不但不只 7 秒，还能传给下一代呢。”研究人员发现金鱼可以在长达 1 个月里记住“光 – 躲避”的行为模式，并且对进食刺激能够保持长达几年的记忆。同时，鱼类（至少是斑马鱼）似乎可以通过 DNA 甲基化把记忆传递给后代，这可能能够帮助它们更好地适应环境的变化。

@ 中国科普博览

02 | 02

星期五　北方小年

为什么北方小年和南方小年差一天？

02 | 02

星期五 腊月廿三

古时候，王公贵族腊月二十三过小年，普通百姓腊月二十四过小年，居无定所的渔民等腊月二十五过小年。这个习俗源于北方。后来，北方渐渐变成腊月二十三过小年——因为离皇帝近，风俗也跟着帝王将相来。南方原来没有过小年的习俗，是北方的商贾渐渐把过小年的习俗带到了南方，于是南方的普通百姓腊月二十四过小年。南宋时期，都城移到了杭州，过小年的习俗也慢慢在南方盛行起来。

@ 徐芃老师

孩子问，“过年这么多讲究，算是封建迷信吗？”该怎么回答？

02 | 03

星期六　南方小年

02 | 03

星期六 腊月廿四

风俗习惯和封建迷信，正如世界上的很多事情一样，不是非黑即白、界限分明的二元对立。但对小朋友来说，确实可以先挑出其中的黑白，划定界限，并从中积累自己的感受、方法、思考，这样随着成长、学习和对生活的深入探索，就能更好地面对未来更模糊的东西，以及能对同样的东西在不同视角下有完全不同的解读。希望每个孩子持续不断地问问题，在被大人认真对待的同时，自己努力求索。

@ 大泡泡

02 | 04

星期日 · 腊月廿五

02 | 04

星期日　立春

02 | 05

星期一 腊月廿六

三体人脱水从生物学上来讲真的可行吗？

02 | 05

星期一 腊月廿六

当然是可行的，地球上的生物中具有耐脱水性的生物其实是比较常见的。具有极端环境抗性的地球生物，它们体内大多具有相同的秘密物质——海藻糖，它在干燥环境下，会发生玻璃化，形成非晶态物质，不仅可以避免对细胞结构的破坏，还能降低细胞内水蒸气的压力，增加对脱水的抵抗力。

@ 瞻云

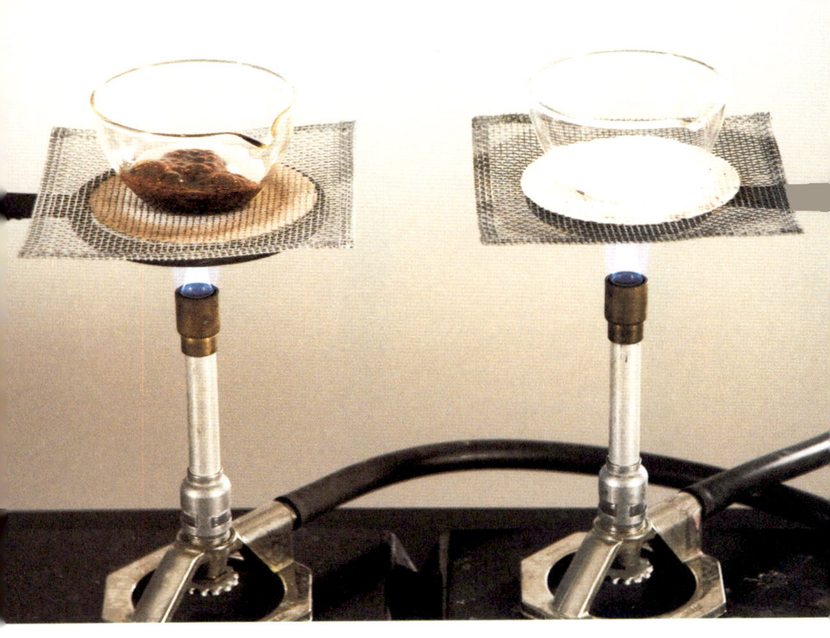

02 | 06

星期二　腊月廿七

为什么盐水加热是结晶，糖水加热是糖浆呢？

02 | 06

星期二 腊月廿七

当葡萄糖分子互相结合在一起的时候，它们之间的相互作用比较复杂。形象一点说，就是一个分子“浑身”一共有十二个“榫卯”要和周围的分子完整配合好。这个难度，比起食盐的结晶要难得多。糖水浓度由低变高的时候，分子之间的相对位置和方向往往只能形成部分的结合，排布不规律，结合也不紧密。并且，在这个结构中会夹杂很多水分子。这也是为何有那么多软糖、饴糖、硬糖等不同的糖类“固体”形态。

@贾明子

02 | 07

星期三　腊月廿八

人体内最不靠谱的器官是什么？

02 | 07

星期三 腊月廿八

人脑最不靠谱。在过去十万年中，人脑积累了太多基于基因筛选的“伪优势”，这些“伪优势”会以兴奋反应的形式通过多巴胺和生物酶“指导”人类个体的行为。但这些基因筛选的逻辑在当前和未来的社会已经不适用了，比如，在摄入糖类后感到快乐的反应。在远古和中古时代，人的寿命只有 30 年左右的时候，糖依赖可以增加人类个体储备的脂肪，以应对灾害和食物短缺，但现在这一反应带来的是糖尿病、肥胖、加速老化和抑郁症。

@墨苍离

02 | 08

星期四 腊月廿九

飞机上的乘客可以要求机长开快一点吗?

02 | 08

星期四 腊月廿九

可以，亲身体验。

2011 年我从深圳飞北京，三小时航程，起飞约一小时后我急性胆囊炎发作，汗如雨下，面如死灰。机组问明情况后，和沿途地面空管协调，沿线优先调度，飞机加速飞行，提前半小时到达，救护车已经等在舷梯口，直接把我拉去机场医院挂水。谢谢以人为本的机组和沿途空管。

@ 苍野

02 | 09

星期五 除夕

写年历的人是怎么知道哪天是除夕的?

02 | 09

星期五 腊月三十

确定除夕就要确定一年之中的第一天从何时开始。自日影最短的那一天（冬至节气）起，向后数 59 天（偶尔是 60 天）的那一天（雨水节气）所在的朔望月是正月，这个月出现蛾眉月的那一天（一般为初三日）往前数 3 天，就是除夕。精确一点讲，太阳行到黄经 330 度时所在的朔望月为正月；该月之初，月亮行至太阳和地球连线上时所在的那一天为正月初一日；正月初一日，太阳直射西经 60 度时是正月初一日的 0 时，上一次太阳直射西经 60 度时即是除夕日的 0 时，除夕日自此开始，至正月初一日 0 时结束。

@ 莫笑痴

02 | 10

星期六　春节

为什么有的福字正着贴，有的倒着贴？

02 | 10

星期六 正月初一

古代人家准备过春节，家家户户清扫家门， 去除尘土污秽，打扫门庭，把大门上一对门神换成新的，会贴上新的春联和福字，搬出祭品来祭祖。

从历史上来说，大家都是正着贴福字的。一般而言，在正门大厅贴的都是正福字。大门庄重，更讲究“出门见福”“迎春纳福”。民间有个原则：正门正贴，偏地倒贴。偏门或者柜门、垃圾桶、水缸、酱缸之类的地方可以倒着贴。

@金牛座棋格格

为什么农村的老鼠突然少了?

02 | 11

星期日 正月初二

02 | 11

星期日 正月初二

以华北广大农村为例，目前农村的老鼠的确比以前少很多，主要原因并非农药造成的生态破坏，而是猫类的泛滥。野生母猫，五个月大就能怀孕，且只要不死，就一直能怀孕，怀孕两个月即可生产，哺乳期为一个半至两个月。老鼠虽然也很能生，但在群猫的虎视眈眈下，根本无法活过冬季。老鼠并非消失了，它们也有自己的生存法则，由于在路边、田埂中难生存，它们便“搬到”农户房顶生活，并在吊顶里奔跑、在夜间偷窃食物。

@豆子

02 | 12

星期一　正月初三

人眼相当于多少毫米焦距的镜头？

02 | 12

星期一 正月初三

人眼是个摄像机，而不是一个照相机。人眼并不像书本上说的那样就是一颗 35 ～ 50 毫米的定焦镜头，它的实际视野很窄，只是通过大脑合成以后的双眼视野才比较宽，但是由于大脑在其中起关键作用，所以很多因素都会影响到视野，最显而易见的就是人是否在运动中或者注意力是否集中。

@ 王波

以半个地球为代价建造一架巨大的射电望远镜，人类能否“望”穿宇宙？

02 | 13

星期二　正月初四

02|13

星期二　正月初四

科学家们曾以整个地球表面积的 65% 以上为代价组成了一架超级望远镜，但它连一个 5500 万光年外、680 万倍太阳体积的大家伙都拍不清晰。目前，科学家开始设想把“地 - 月”系统改造成一架超级望远镜，据说，要想望穿宇宙，至少需要直径 3 ～ 5 光年的望远镜，也就是说望远镜机组之间的信息单向传输需要 3 ～ 5 年，拍一张照片至少要花上千年时间。

@ 横山老尸

02 | 14

星期三 情人节

什么是情绪价值?

02 | 14

星期三 正月初五

我妈做饭，菜烧咸了。

我爸："咸了好！咸了下饭！夏天流汗，要补充点盐分！吃咸了还能多喝水，多喝水对身体好！"

我妈做饭，菜烧淡了。

我爸："吃淡点好，健康饮食，吃咸了容易得高血压，现在人都提倡低盐、低油的生活。"

这两个人真的就是那种"双标"怪，任何错误放在别人身上罪无可恕，但放在对方身上就一定情有可原。

@ 我爱红烧肉

02 | 15

星期四 正月初六

滑雪服能当羽绒服穿吗?

02 | 15

星期四 正月初六

滑雪服可以当羽绒服穿，但保暖性可能并不如羽绒服好。

滑雪属于强度较大的体育运动，滑雪过程中身体代谢产热多，对保暖的需求往往没那么强烈。因此大部分滑雪服（包括滑雪用羽绒服）为 0 ～ 15℃的环境设计，其用途不是保暖，而是帮助滑雪者更准确地控制“热湿平衡”，调节体温，使其保持高水平运动表现。

@奥肯

02 | 16

星期五 月初七

为什么浴缸里面的水看着是浅蓝色的？

02 | 16

星期五 正月初七

原因很简单，也有点出乎意料——因为水的确是蓝色的！如果你家的浴缸足够深，你还能看到更深的蓝色——比如像大海那样的蓝。大家一般都觉得，水明明是无色的啊！其实那只是因为日常生活中我们见到的水都太浅了，所以蓝色不够明显。如果你有一个很深的游泳池，并且池内都是白色的瓷砖，那么当你灌上水之后，就能看到水是蓝色的。为什么水是蓝色的呢？这是因为水会稍微吸收红色的光——这个吸收来自水的分子振动。

@Phosphates

02| 17

星期六　正月初八

人类大便后需要擦屁股，动物为什么不需要？

02 | 17

星期六 正月初八

1. 动物也会擦屁股，猫猫狗狗也会用舔屁屁的方式进行清洁，很多动物便便后会采取在地上蹭的方式来清洁。
2. 人和动物肛门位置不同，马在排便时，直肠末端会翻出来一截，排便后再缩回去。
3. 动物获取食物比较困难，会最大限度地利用食物的能量，因此一般来说粪便的含水量都比较少，也就比较干，所以沾到身上的也少。
4. 动物不穿裤子，人类穿裤子，裤子会导致肛门周围变成一个阴暗、高温、高湿的天然“细菌培养皿”，为健康着想，人类得擦屁股。

@ 悟则法

02 | 18

星期日　正月初九

你有哪些独特的高效阅读技巧?

02 | 18

星期日 正月初九

1. 先读序言或后记。大多数好书，作者或译者都有心得，发之于序或后记。这便是最好的导读，提纲挈领，洞悉就里，远胜过其他管中窥豹的噱头评论或广告词。
2. 论述性的文本，看每个章节的开头与结尾，中间各段落看头两句话。是所谓观其大略。
3. 书的开头，宁可读慢些，之后才快得起来。
4. 在读一本书的过程中，试着把自己理解的这本书的内容，最好是用口头讲述的方式，转述给亲友听。

@ 张佳玮

02| 19

星期一 正月初十

雨水

02 | 19

星期一 雨水

02 | 20

星期二　正月十一

有哪些方言土话其实沿用了古称，比如香菜叫芫荽，勺子叫调羹？

02 | 20

星期二 正月十一

簟（diàn）：竹席的代称。例如，现在夏天了，可以换成竹簟子了。《说文·竹部》中写道：簟，竹席也，从竹，覃声。

筲（shāo）：盛饭的饭勺叫饭筲。筲这个字，本义就是盛饭的竹器。

圿（jiá）：污垢、泥垢、积垢称之为圿。例如，那个人好久没洗澡了，身上一层泥圿。

@ 楚云卿

如果小食店的员工忍不住偷吃了一个鸡翅怎么办?

02 | 21

星期三 正月十二

02 | 21

星期三 正月十二

我们这里有一个熟食加工厂，主要出产包装好的鸡翅、鸡腿什么的，一开始也是员工偷吃，老板严打。最后老板想明白了，只要你不带出厂，在厂里随意吃，员工兴高采烈地吃两星期就全吃腻了。

@总有昏君想反孤

02 | 22

星期四 正月十三

什么叫降维打击？

02 | 22

星期四 正月十三

老婆看《名侦探柯南》的时候几乎从来不关注台词所透露出的线索，一会儿刷手机，一会儿埋头吃东西，“嗑情侣”的热情比猜凶手的热情还要高，但是几乎次次她都能猜中凶手，特别是男性罪犯，鲜有失手，神乎其技。

有一次我实在忍不了，问其缘由，答曰：“几个嫌疑人，只要一开口我就能猜出谁是凶手。”才知道她能听出大部分大牌声优的声线，而《柯南》剧中的几个嫌疑人，一般只有真凶才会请大牌声优配音，所以她只要能听到熟悉的声音，基本上就可以确定凶犯。

什么叫降维打击？就是你已经竭尽全力却只能勉强在系统里获得成功，对方却能从系统参数中看出致胜之法。

@Adam Ludwig

02 | 23

星期五　正月十四

现代汉语中，为什么动词前面还要加“进行”？

02 | 23

星期五 正月十四

1. 使焦点信息移位，一般句子的焦点出现在句末，但有时为了凸显重要信息，需要变换焦点，如：“领导检查某工作”凸显宾语“工作”，而“领导对某工作进行检查”则凸显宾语“检查”。

2. 表达特殊语气，“进行句”使常规动作行为变得严肃、庄重、正式，使平淡的语言更有气势或更生动。

3. 完句，当句中缺乏句法成分或语义成分时，需要依靠“进行”来补充，删除“进行”则不成句或不完整。如：两国政府进行了富有成效的合作。

@ 蜃楼城少主

02 | 24

星期六 元宵节

《西游记》中过元宵节吗？

02 | 24

星期六 正月十五

《西游记》第九十一回，唐僧师徒来到了金平府，这里的人都是大唐的“信徒”，模仿大唐过元宵节，于是便有了唐僧元夜观灯的一幕。唐僧思乡心重，好不容易能过上故乡的节日，于是便住下了。正月十三夜里，“只听得佛殿上钟鼓喧天，乃是街坊众信人等，送灯来献佛。唐僧等都出方丈来看了灯，各自归寝。”正月十四，唐僧师徒跟着众僧“在本寺里看了灯，又到东门厢各街上游戏。到二更时，方才回转安置。”正月十五元宵节那天，众僧邀请唐僧进城里看看金灯，“唐僧欣然从之，同行者三人及本寺多僧进城看灯。”可见，《西游记》中是过元宵节的。

@ 心静

02 | 25

星期日 正月十六

为什么有“素造肉”而没有“肉造素”？

02 | 25

星期日　正月十六

肉造素是有的，但比较少见，价格也相对较高。东北有道小众菜，叫蝲蛄豆腐，是将蝲蛄高蛋白的肉汁凝固后用来模仿豆腐的口感的。蝲蛄十分鲜甜，对水质的要求非常高，人工繁殖目前还实现不了，所以导致其价格十分高昂。蝲蛄豆腐，就是将蝲蛄捣成汁，过筛网，让它在热水中凝结得到的豆腐口感的产品，二百元钱一斤的东西做成了豆腐，想想也不是一般人吃得起的。

@ 穆然

02 | 26

星期一　正月十七

战斗机上有供飞行员放行李的地方吗?

02 | 26

星期一 正月十七

还真的有。很多型号的战斗机上，座舱弹射椅的后面，就有一个半隔离的空间可以放行李，还有一些战斗机，会预留一点点储物空间，比如波音 F/A-18 战斗攻击机，在进气道口前部边上就有个隔间，据说是放进气口塞盖的，也可以放行李。不过，带了行李吊舱的战斗机有机动限制，比如，MXU-648 型行李吊舱承受过载不能超过 5G 的重力加速度，也不能飞得太花，否则会把货甩出去；而且如果遇到影响降落的突发问题，可能就需要半途抛弃行李，想想就心疼。

@ 翎姐超凶

02 | 27

星期二 正月十八

猫是西方传入的还是本土驯化的物种？

02 | 27

星期二 正月十八

目前来看，比较公认的结论是——今天全球所有的家猫都是由西亚地区（具体点说是今土耳其一带）的古文明对当地的非洲野猫（Felis sylvestris lybica）驯化后繁衍而来的。在这之后，古埃及人从西亚地区获得了家猫，又融合了本地非洲野猫的基因，对家猫进行了二次驯化，古埃及的二次驯化对家猫的性情塑造至关重要。也有证据表明古代中国曾尝试独立驯化过本地的豹猫（Prionailurus bengalensis），但这种驯化是否完成不得而知，而且这种驯化尝试肯定断档了，因为今天生活在中国的家猫和这些豹猫没有任何关系，它们也是西亚地区驯化完成的家猫的后代。

@一个男人在流浪

02 | 28

星期三　正月十九

怎么吃自助才能不亏本？

02|28

星期三 正月十九

吃得开心就不亏本。我有些朋友就是喜欢吃炒饭，喝碳酸饮料，还配着冰激凌一起，不管多贵的自助餐，都要这样来一波；当然了，也有些朋友就是喜欢“扶墙进扶墙出”的状态，吃得越多越开心。在我看来，这些都是吃得开心不亏本的状态。就是吃顿饭而已，有什么能凌驾于“吃得开心”之上呢?

@看风景的蜗牛君

02 | 29

星期四 正月二十

什么是文字的张力?

02|29

星期四 正月二十

我听过一堂前央视记者讲的语文课，里面有一个小技巧——点面结合，先写一个极大的面，再写一个极小的点，再写一个极大的面，再写一个极小的点。例如：

近二十万大军沿着饱受战火摧残的公路艰难跋涉，徐州已经被远远甩在身后，前方的淮河依稀在望。

一名胡子拉碴的老兵骂骂咧咧地捡起地上的一张纸，看着上面密密麻麻的他不认识的字，啐了一口。

那是头顶刚刚经过的飞机空投下来的。

@ 杨帆

知乎好问·甲辰「龙」

03

周	一	二	三	四	五	六	日
9					1	2	3
10	4	5	6	7	8	9	10
11	11	12	13	14	15	16	17
12	18	19	20	21	22	23	24
13	25	26	27	28	29	30	31

03 | 01

星期五 正月廿一

吃粉笔能补钙吗?

03 | 01

星期五 正月廿一

粉笔的原料主要是碳酸钙或硫酸钙。碳酸钙本来就是市面上主流钙片的主要成分，是可以补钙的。硫酸钙，我们接触最多的应该是石膏，它也是可以补钙的。食品级的硫酸钙本来就是一种常用的食品添加剂或钙强化营养补充剂。所以粉笔的主要成分是可以补钙的，那粉笔可不可以用于人体补钙的关键就在于粉笔能不能食用了。粉笔在制作时还会添加其他辅料、色素，并产生杂质，其中很多都是工业级原料，不符合食用条件。而一些无毒粉笔或儿童粉笔号称是用食品级材料做的，理论上是无毒可食用的。不过粉笔毕竟不是食品，不受食品安全法监管，所以在食品安全方面不那么靠谱。

@ 芝麻酱

03 | 02

星期六　正月廿二

怎么判断一件东西是“智商税”还是“一分钱一分货”？

03 | 02

星期六　正月廿二

“鞋是不是合适，只有脚知道”，这句老话说得确实在理。掏钱买了的人，大多都会觉得“一分钱一分货”，只要舒服、管用，你管别人怎么说闲话呢？弄不好人家只是“吃不到葡萄”眼红罢了。被人说“智商税”这件事，虽然令人恼火，仿佛自己被人看成弱智，但实在话是，一件东西不通过实践，我们终归是无法得知它的实际价值的。尤其对小众产品来说，只要它满足了自己的所有需求，还能让自己有锦上添花的惊喜，就足以让你考虑清楚是不是“一分钱一分货”了。毕竟买东西时产品是不会自带好评的。

@ 李淼

为什么古生物都长得比较吓人？

03 | 03

星期日　正月廿三

03 | 03

星期日 正月廿三

因为那时候还没有人，古生物在长相发育的过程中没有考虑人的感受！那时候你问它们这个问题，它们会反问你：“吓人？人是什么？”

@到岸读行者

03 | 04

星期一　正月廿四

为什么洗手后手会湿？

03 | 04

星期一 正月廿四

那是因为皮肤不具有超疏水性，具有超疏水性的物质，就压根儿不会湿！最常见的超疏水性物质就是荷叶了，正所谓“出淤泥而不染，濯清涟而不妖”。还有一种叫作魔术沙（Magic Sand）的沙子，如果你把这种沙子倒入水中，再用勺子捞出来的话，捞出来的沙子就是干的！而当水落在魔术沙上时，可以看到水形成了水滴。如果在水面上浮着一层这样的沙子，将手指浸入水中后抽出，你的手指也不会湿！是不是很神奇！所以，洗手时手会湿，究其原因，是皮肤不具有超疏水性。

@Phosphates

03 | 05

星期二　正月廿五

惊蛰

03 | 05

星期二 惊蛰

03 | 06

星期三 正月廿六

哪些食材在做成预制菜后，仍能保持口味、口感？

03 | 06

星期三 正月廿六

重要的事情说三遍：没有，没有，没有。无论加工程度深浅，半成品始终与原料的原始风味有差异。完全“保持口味、口感”是不可能的，只能讨论差异是否在可接受范围内。

@六一

03 | 07

星期四 正月廿七

老鼠会变异成比小象还大的生物吗?

03 | 07

星期四 正月廿七

如果“小象”指的是体重 100 千克以上的大象幼体的话，让当前最大体重约 900 克的老鼠在一代、十几代或一百几十代内随机突变得“比小象还大”是不可能的。大象和老鼠在远古有共同的祖先。大象的体型从老鼠大小演化到现在这样用了约 2400 万代。可以预期，将老鼠定向培育数十万到数百万代，有机会获得体型像小象的、早已与老鼠有生殖隔离的新物种。这个实验需要的时间长达数万年至数十万年。

@ 赵泠

03 | 08

星期五 妇女节

妇女节是怎么发展来的?

03 | 08

星期五 正月廿八

国际劳动妇女节是在每年3月8日为庆祝女性在经济、政治等领域做出的重要贡献和取得的巨大成就而设立的节日。设立国际劳动妇女节的想法最早产生于20世纪初，当时恶劣的工作条件和低廉的工资使得各类抗议和罢工此起彼伏，1.5万名妇女走上街头进行抗议游行活动。1910年8月26日至27日，在第二国际哥本哈根会议上，以蔡特金（Clara Zetkin）为首的来自17个国家的100余名妇女代表筹划设立国际妇女节，但无确切日期。1911年3月19日，欧洲一些国家的无产阶级妇女举行了历史上第一次庆祝国际妇女节的活动，奥地利、丹麦、德国等国有超过100万妇女集会庆祝妇女节。1921年9月9日至15日，在第二国际共产主义妇女代表会议上，为了纪念俄国女工在1917年二月革命中的英勇斗争，决议把每年3月8日定为国际劳动妇女节。

@一水无尘

在“信息快餐”时代，书籍这种“冗长低效”的知识承载方式是否会逐渐退出历史舞台？

03 | 09

星期六　正月廿九

03 | 09

星期六 正月廿九

搞错了吧，视频才是“冗长低效”的方式，书籍不是！说到底，视频是用来娱乐的，甚至连新闻视频都是主要满足“求知欲”，而非求知欲。前者是一种社会心理：我知道现在发生了什么，我没有被社会落下。后者是真正的求知欲：我想知道时间、人物、地点、事件，对我的影响，未来可能的变化。后者是要思考的，要摄入并消化新的信息量。所以书籍会长存，而视频长期只能作为文字的辅助。如果一个人的知识全部依赖视频，那这个人大概是知识上的“高度近视”：碎片化、细节模糊、无体系、充斥着感性认知。文字是不会退出历史舞台的，文字就是知识的舞台。

@王子君

03 | 10

星期日　二月初一

如果太阳突然熄灭了，当前科技水平下，人类能生存多久？

03 | 10

星期日 二月初一

在不提前知道的情况下，人类会灭绝，而且速度很快。如果能提前100 年知晓，拥有充足的准备时间，人类则不会灭绝。

太阳消失 10 天之后，全球人口死亡率可高达 99.9%，有少部分人，可以在特殊地带存活。但很快，随着温度进一步降低，下起了二氧化碳雪。可能在一两个月之后，又下起了氧气雪，随着氧气的大量减少，原本可以燃烧数百年的煤炭熄灭了。冻土层向下延伸数百米，一些火山和热泉也不再能供人生存。人类宣告灭绝。

如果能预知，那么人类是可以做到长久生存的。例如，我们可以兴建一个大型地下城。按照人类现在的技术，是能做到的，但需要漫长的修建时间，以及极高的维护消耗。如果可控核聚变发展出来了，人类甚至还有重新回到地面的可能性。

@ 瞻云

03 | 11

星期一 二月初二

你见过哪些“雷人”的中式英语？

03 | 11

星期一 二月初二

十几年前，去某公司拜访，看到很多办公室门口都有这样的牌子：“Total Wang”“Total Zhang”……一时间“不明觉厉”，带我们参观的小秘书这时候非常自豪地告诉我们：“最近，我们公司正在与国际接轨，所有的标牌都改成了英语，由我司海归博士亲自翻译。比如这个 Total Wang，就是王总的意思。”我当时真的忍住了，没笑。

@ 鲁超

03 | 12

星期二 植树节

植树节为何是 3 月 12 日？

03 | 12

星期二 二月初三

最初植树节确定在 4 月 5 日，1928 年为纪念孙中山逝世三周年，植树节被改为 3 月 12 日。我们都知道，植树节是按照法律规定宣传保护树木、动员群众参与植树造林活动的节日，但按时间来分的话还有植树周、植树月，三者共称为国际植树节。

@一水无尘

“气死周瑜”的情节是罗贯中的个人好恶还是为了迎合当时读者的爱好?

03 | 13

星期三　二月初四

03 | 13

星期三 二月初四

气死周瑜，不是罗贯中原创的，而是出自民间平话。《全相三国志平话》中，周瑜就是被诸葛亮气死的——而且不止如此，平话里的周瑜，性格很糟糕。平话中，周瑜心中无吴国，只有小乔，格调实在不高。与此同时，诸葛亮格调也不高：在平话里，他一直与周瑜互坑。结果就显得诸葛亮狡诈，周瑜小气。这显出历来民间故事常见的问题：故事很热闹，但大人物往往斗气，还都是小家子气。这就得说罗贯中改编的精彩之处了。《三国演义》中周瑜心念孙策、孙权，心念整个东吴，对诸葛亮实非私仇。这改写，让周瑜对诸葛亮的嫉恨从私心提升到了东吴大义之上，可不比平话里的周瑜高出百倍？属于既兼顾了故事的热闹与可读性，又尽力描绘了诸葛亮与周瑜的面貌。

@ 张佳玮

03 | 14

星期四　二月初五

圆周率 π 在航天领域最多用到了多少位?

03 | 14

星期四 二月初五

在航天领域，π 最多取到 3.141592653589793，也就是小数点后 15 位，就完完全全够用了。目前人类用于宇宙航行的人造航天器中，飞得最远的应该就是“旅行者 1 号”了。它目前离地球已经有 159.258219902 个天文单位（也就是约 238.25 亿千米），那么以地球为圆心，以“旅行者 1 号”与地球的连线为半径 R 画圆，这应该算是人造物体中能达到的最大的一个圆了。求它的周长，得到的结果是 1497 亿千米左右，当我们取小数点后 15 位的 π 并舍去 15 位之后的数字时，实际算出来的周长应该略小于真实世界的周长（本文假设我们附近的宇宙可以这样测量），那差多少呢？差不多是 1 厘米的误差。也就是说，我们在丈量整个太阳系的尺寸时，即使只取 π 小数点后 15 位，误差也只有一支圆珠笔杆那么细。

@ 紫云飞

“http://”中的双斜线有什么用？

03 | 15

星期五　二月初六

03 | 15

星期五 二月初六

在浏览器里，这个双斜线一直被用作协议自适应的用途，在比如浏览器地址栏这种不用考虑相对路径的地方，的确加不加斜线都一样，不标准的 URL 也会被解析，不过网页里大部分场景都要考虑相对路径，没有双斜线就会出问题。比如 href 里不能没有双斜线。常见的相对路径都没有协议头，但是有协议头也不能让这个 URL 一定成为绝对 URL，必须有两个或更多个斜线。

@紫云飞

03 | 16

星期六 二月初七

有没有反过来也好听的音乐？

03 | 16

星期六 二月初七

最著名的一个例子，是拉赫玛尼诺夫（Sergei Vassilievitch Rachmaninoff）的《帕格尼尼主题狂想曲》中的第 18 变奏。这个变奏的旋律是以“镜像”帕格尼尼第 24 随想曲的主题（也就是《帕格尼尼主题狂想曲》里用到的主题）的方式得到的。也就是说，原始主题和这段旋律在谱面上看起来就只是上下颠倒，作曲家只使用了这样的一个小技巧，就获得了一段虽然简单却非常美妙的旋律，可以说是整部作品里的神来之笔。

@ 霄汉

如果屁是香的，人们放屁时还会感到尴尬吗？

03 | 17

星期日　二月初八

03 | 17

星期日　二月初八

如果屁是香的，人们同样会感到尴尬，这个事实不会有任何改变。人们为屁而尴尬的根本不在于它的香臭，而在于其发出的地方。就是它再香、再悦耳，香得赛过满汉全席，悦耳到能奏出一曲《高山流水》，美到能放出灿烂的烟花，但它是从肛门那个地方发出来的，就不值钱，人们只会避之不及。甚至，和那个地方相关联的事物也被连累，不受人待见，既耐寒傲霜又美不胜收的菊花就是一例。

@ 凯撒

03 | 18

星期一　二月初九

为什么很多网友说电脑用5年左右就该换了？

03 | 18

星期一 二月初九

原因有三。一是 5 年的时间，散热器上已经堆积了灰尘，不清理的话，会导致散热能力严重下降。二是硅脂也会因老化而无法做出有效的热传导，导致 CPU 过热，电脑只能降频运行，以至我们觉得卡。三是固态硬盘在用了 5 年后可能会出现一些坏旧颗粒，这些颗粒会严重降低运行速度。所以综上，并不存在 5 年期限之说，只要清理灰尘，换个新的固态硬盘，你的电脑就可以继续流畅使用了。

@lll wlll

为什么黄金几乎在所有文明里都是贵重金属，并能成为货币？

03 | 19

星期二　二月初十

03 | 19

星期二　二月初十

1. 足够稀罕，又不是太稀罕；

2. 性质稳定，不会挥发，不会生锈，不会被虫子吃掉；

3. 以古代的技术就容易做得很纯；

4. 容易检验真伪，烧就行了；

5. 软，容易分割。

黄金有这么多优点，天然就是为成为货币而存在的。

@张浩

03 | 20

星期三 二月十一

春分

03 | 20

星期三　春分

03 | 21

星期四　二月十二

你知道哪些反常识的知识?

03 | 21

星期四 二月十二

高尔夫球并不是光滑的，上边有很多小坑，这种设计是为了让球飞得更远。我们通常认为光滑的球空气阻力更小，会飞得更远；但其实球体上被设计出来的小坑，可以让紊流边界层在球飞行时更贴近球体，使其飞得更远，距离可以比光滑球体远一倍。

@ 向太阳的方向飞去

03 | 22

星期五　二月十三

你曾经被哪些自己所学专业的鬼畜知识震惊过?

03 | 22

星期五 二月十三

瑞典语中，父亲是“far”，爷爷是“farfar”（爸爸的爸），曾祖是“farfarsfar”。儿子是“son”，孙子是“sonson”，曾孙是“sonsonsson”，以此类推。

外公是“morfar”（妈妈的爸），外婆是“mormor”（妈妈的妈），奶奶是“farmor”（爸爸的妈）……

叔叔辈：“farbror/morbror”[爸（妈）的兄弟]……

@老酿仙

发烧的时候吃黄桃罐头为什么就会感觉好很多?

03 | 23

星期六　二月十四

03 | 23

星期六 二月十四

黄桃罐头对成年人的治疗效果，一定程度上可能源自童年吃黄桃罐头治感冒的经历带来的安慰剂效应。另外，高糖或者美味食物能起到改善情绪、缓解焦虑的作用，而我们所感受到的不良躯体反应其实不仅包括生理成分，还有情绪和认知成分，吃美味食物一定程度上可以缓解躯体症状带来的情绪反应，并有助于改善主观的不适感受。此外，我认为不排除高糖溶液本身对上呼吸道（主要是咽喉）炎症有调节作用，比如较高的 pH 值和高浓度的糖溶液，会起到一定程度的抑菌作用；并且因其黏附性较强，也许能在一定程度上改善咽喉干燥。所以可能黄桃罐头对发烧并没有实质帮助（但对止咳和缓解咽喉不适可能有帮助），可能越容易受暗示的人，黄桃罐头对他就越有用吧……

@ 耗子领袖

03 | 24

星期日　二月十五

如果每次人看到鲨鱼都上去揍它，以后鲨鱼会不会进化到看到人类就跑？

03 | 24

星期日 二月十五

这事儿不用人类，虎鲸已经这么做了，而大白鲨也做到了一见虎鲸就“撒丫子跑路”，哦，不对，是“撒尾鳍跑路”。美国蒙特雷湾水族馆的研究人员在美国西海岸海域多次观测到只要有虎鲸出没大白鲨就离开的情形。1997 年，有人观测到，一头虎鲸在旧金山以外费拉隆群岛附近海域将一头大白鲨撞击致死，然后两头虎鲸以这头大白鲨的肝脏为食。当年该地区记录到的鲨鱼袭击海豹和海狮事件减少了 95%。

@ 德斯汀 · 罗亚

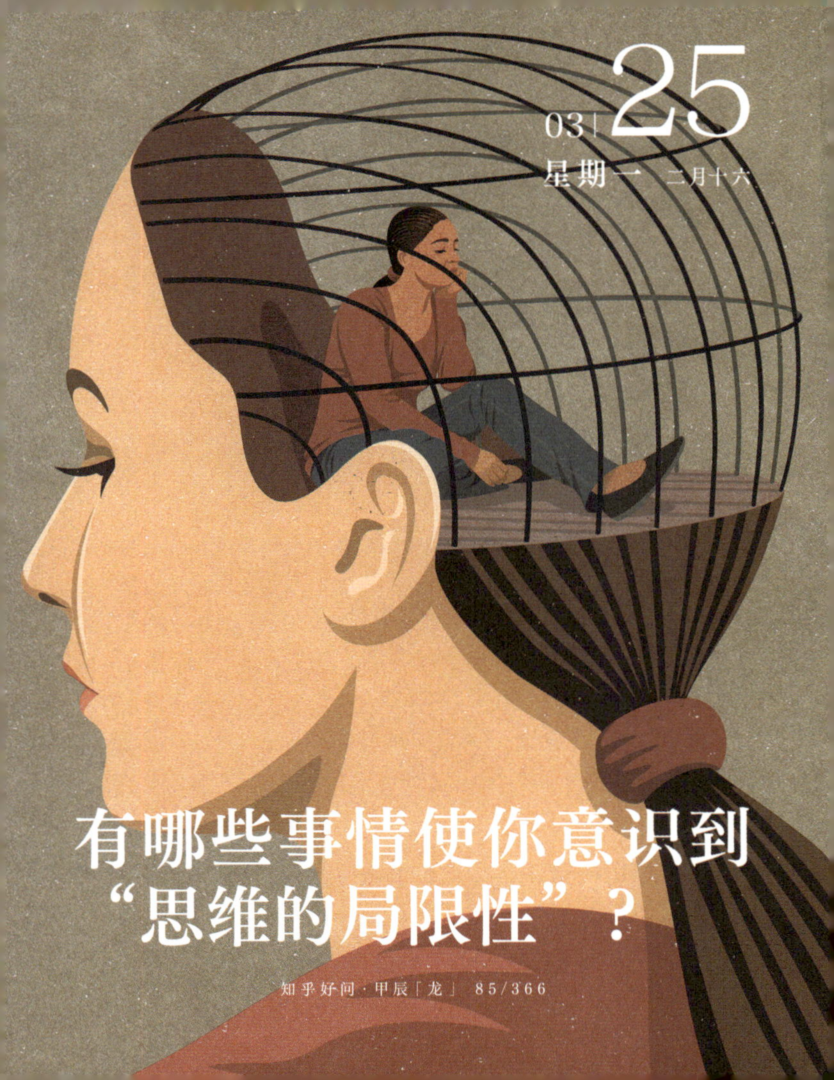

03 | 25

星期一 二月十六

有哪些事情使你意识到“思维的局限性”？

03 | 25

星期一 二月十六

我外公当年读师范的时候，中午食堂固定供应面条，放几个大桶，由学生自己盛来吃。按照外公的饭量，要吃一碗半才能吃饱。但是他一直有胃炎，吃饭不能吃太快。所以等他吃完第一碗再去盛的时候，其他人已经在吃第二碗，桶里已经空空如也了。后来他想了想，再吃饭的时候就只先盛半碗面，吃完了再去盛的时候，其他人第一碗还没吃完，他就可以盛满满的一碗慢慢吃了。

@srdmm

03 | 26

星期二 二月

草莓有皮吗？

03 | 26

星期二　二月十七

草莓是有皮的。成熟草莓上红而柔软、看起来像果实的结构是草莓的花托膨胀而成的假果，草莓真正的果实大量散布在假果上，看起来像芝麻，有硬化的果皮。草莓果实是瘦果，可以参照向日葵的果实（瓜子）。一个草莓假果上可以有多达 200 个瘦果。

@ 赵泠

03 | 27

星期三 二月十八

鸡肉到底可不可以生食?

03 | 27

星期三 二月十八

还是尽量不要生吃鸡肉。因为鸡的体内存在着“弯曲菌属”，生食极易引起拉肚子、腹痛、发热等食物中毒症状。而且在中毒症状之后，还会有一定的概率出现吉兰-巴雷综合征（Guillain-Barré syndrome，GBS），出现这种情况的患者有 15% ～ 20% 的概率重症化，乃至死亡。

@ HAKU

03 | 28

星期四　二月十九

如何区分打喷嚏、流鼻涕是感冒还是过敏性鼻炎引起的？

03 | 28

星期四　二月十九

1. 看鼻涕和痰液，与过敏时的清水样鼻涕相比，感冒时的鼻涕一般更黏稠，可以呈现白色、黄绿色。
2. 看症状，如果有严重的鼻子、眼睛、嗓子瘙痒症状，则考虑过敏的可能性大一些，明显嗓子痛、咳嗽咳痰，主要考虑是感冒所致；感冒时，一定还会并发一些全身症状，如全身无力、肌肉酸痛等，而过敏一般很少有全身症状；过敏一般不会发烧，如果出现了发烧，就要考虑感冒的可能性。
3. 看病程，普通感冒，一般在几天内就会有好转；但过敏的症状可以持续好几周，甚至几个月，在季节变化的时候多发。

@Dr.X

03 | 29

星期五 二月二十

如果哥斯拉出现在中国会怎样？

03 | 29

星期五 二月二十

1. 美妆博主：“春日元气哥斯拉”仿妆教学，哥斯拉同款眼睫毛教学；
2. 美食博主：吃 88888 元一份的“哥斯拉肉”是什么体验？北京最火的一百家哥斯拉料理，带你探店；
3. 法律博主：我不小心抓到了野生的哥斯拉幼崽并带回家饲养，结果哥斯拉引来的奥特曼不小心打坏了隔壁家张奶奶的芦荟，请问我犯法了吗？

@ 大大大大大大球

03 | 30

星期六　二月廿一

人类控制尾巴的神经现在还在吗?

03 | 30

星期六 二月廿一

可以在。神经系统有一定程度的可塑性，在没有尾巴的状态下你找不到哪个区域在因为没有控制对象而休眠；在有尾巴的状态下，一部分神经会负责操控它，而且这些神经细胞也可以参与其他神经活动。大约万分之一的人类新生儿带有一条内含血管、肌肉、神经但无骨骼的软尾巴，医生通常会手术去掉新生儿的软尾巴。大约亿分之一的人类新生儿带有一条内含尾椎骨的尾巴，这是一件返祖的附肢，可以在脑或脊髓控制下运动。健康人的尾骨是骨盆的一部分，上面附着有肌肉和韧带，可以在咳嗽、打喷嚏、排遗、提举重物、前屈身体等时协助用力。

@ 赵泠

在莫扎特、贝多芬的时代，我们现在的古典音乐是否就是当时老百姓的流行乐?

03 | 31

星期日　二月廿二

03 | 31

星期日 二月廿二

莫扎特和贝多芬还不是一个时代——贝多芬比莫扎特小 14 岁，比莫扎特晚死 36 年。他俩逝世时，古典音乐的处境已经不太一样了。但基本可以说：他俩的器乐作品，就是我们所知的那些交响乐、钢琴协奏曲，基本都还不算“流行音乐”。当时的“流行音乐”，非要说的话，应该是歌剧和民谣。

@ 张佳玮

APRIL

04

知乎好问·甲辰［龙］

04

	一	二	三	四	五	六	日
14	1	2	3	4	5	6	7
15	8	9	10	11	12	13	14
16	15	16	17	18	19	20	21
17	22	23	24	25	26	27	28
18	29	30					

04 | 01

星期一 愚人节

生日在愚人节是怎样的一种体验？

04|01

星期一 二月廿三

出生在愚人节，科学地来说，这是平常的一天，你和万千大众并没有什么不同。

但如果浪漫些，可能是“上帝”想对你说，做一个智者，快乐地生活。

@ 清晓

04|02

星期二 二月廿四

为什么葫芦中间有个“细腰”呢?

04|02

星期二　二月廿四

目前也有关于葫芦果实形状方面的研究，在一些其他作物中有调控果实形状的基因（如 SUN、OFP、AP2 等），葫芦也有功能类似的同源基因。但由于亚腰这一性状比较特殊，其他作物的果实没有葫芦这么突出的亚腰性状，基因组学未能直接揭示亚腰的成因。我种过亚腰葫芦，亚腰其实开花的时候就能看出来。葫芦的果实有没有亚腰性状是由其品种决定的，可以通过授粉前的母本子房判断。人为约束可以改变果实形状，但是正常亚腰葫芦的果实其形状并不是人为约束出来的。

@鑫波和他的小鱼干

在一片洼地倒下一湖水，此时湖里没有任何生物，十年后湖里会有生物吗?

04 | 03

星期三　二月廿五

04 | 03

星期三 二月廿五

在湖水不封冻的情况下，最多 2 个月，你就会发现湖水逐渐变成绿色。因为有个东西叫作气溶胶，微生物（包括光合自养微生物）可以随着气溶胶传播，距离大约是 10000 千米的大气范围。你甚至可以在最近的新闻报道中看到，国际空间站表面出现了太平洋底微生物菌落。因此，很快这片湖水就会变成微生物的天堂。我们还要考虑一些极端情况，比如说，在落地直接封冻的南极寒漠，这一时间要延长至 2 年到 3 年。这样的“湖水”，或者直接说冰，需要经历数次极昼与极夜的交替才能风化、腐蚀岩石，来为地衣等生物提供无机盐等养分，最后形成类似于苔原的地貌。

@ 炸鱼

04
二月廿六
清明
知乎好问 · 甲辰「龙」 95/366

04 | 04

星期四　清明

04 05

星期五 二月廿七

你打算怎么处理自己的骨灰？

04|05

星期五 二月廿七

骨头烧出来的无机物主要成分是磷酸三钙，温度在 1700℃左右时磷酸三钙可以熔化成液滴，冷却后能形成表面光洁的珠子。

所以死前可以攒点钱，买个二手氢氧焊机、钻孔的小工具。争取活到 100 岁，留一份遗嘱，写清楚后面的操作步骤。让后人在火化后把骨灰装回去，再把骨灰分成均匀的小份，用氢氧焊机烧成一颗颗小珠子。珠子打孔，用棉线穿成手链。以后你重孙女可以在跟她对象介绍你时，直接伸出左手指着手链说：“来，叫太爷爷。”

@1000 米恐惧症

04 | 06

星期六　二月廿八

将汽车门窗完全封死后，人在车内睡觉会窒息而死吗？

04|06

星期六 二月廿八

我们先假设汽车处于完全密封状态，在平稳呼吸的情况下一个人每次吸入的空气量约为 0.5 升，按每分钟呼吸 20 次计算的话，每人每天需吸入的空气量是 13.25 立方米（约 13250 升）。车内的空气容量肯定是不够的。其实即便汽车四门和后盖全部关死，汽车也不是完全处在密封状态的。但是如果您一定得在车内过一夜，建议还是要稍微打开车窗，虽然密闭环境不至于让人窒息而死，但这么过一夜肯定不会好受。现在的汽车为了提升 NVH（噪声、振动与声振粗糙度）表现，已经大幅提升了整车气密性表现（豪车静谧的原因），换句话说，越是豪车，越要小心。

@七号·宋

博物馆是怎么处理没有被展出的文物的?

04|07

星期日　二月廿九

04 | 07

星期日 二月廿九

1. 以藏品的视角来看，进入博物馆之后的流程是鉴定、登记、建账、修复、入库。进入库房之后，如有展出和其他使用需要就按照程序提出库房，使用完成后再回到库房。

2. 所以一般来说，一件藏品如果没有被展出，就应该在博物馆库房中，并且按照材质放入不同条件的分库。在分库中，藏品按照不同的性质放在各类柜架上。

3. 藏品在博物馆库房中也并不一定是静止的。一旦博物馆的研究人员或者来博物馆的客座研究人员有研究的需要，被研究的藏品就会按照规则提取到研究室。

4. 从目前的情况看，博物馆教育活动一般不会使用到藏品。但是现在也有些博物馆会组织带有观察藏品环节的教育活动，这种情况下藏品会被提取到博物馆教室中，完成之后就回到库中。

@ 螺旋真理

04 | 08

星期一　二月三十

食物是否应该放凉之后再放进冰箱?

04|08

星期一 二月三十

最好的食物保鲜办法是：一出锅就趁热（不低于 60℃）放进干净容器里，密封，尽可能隔绝空气。再严格一点，直接带上密封容器再杀菌一次，比如带密封容器蒸煮、微波炉加热等（微波炉加热注意安全，别爆了）——恭喜你，学会了自制罐头。如果没有密封容器，最次也要盖上保鲜膜，隔绝大环境。只要做好“趁热密封”这道工序，凉着放进冰箱还是热着放进冰箱，对这道菜本身的保鲜来说就无所谓了。

@ 芝麻酱

04|09

星期二 三月初一

为什么橡皮能够跟尺子黏在一起?

04|09

星期二　三月初一

现在的橡皮，最常见的一种是 PVC（聚氯乙烯）橡皮。而 PVC 纯品是一种固体（想想你家的 PVC 水管），为了让 PVC 变成相对柔软的橡皮，我们会添加增塑剂。增塑剂可以理解为一种溶剂，它被混合在 PVC 材料之中，可以“稀释”PVC，使其形成依然是固态的溶液。而被稀释过的 PVC 的质感就会柔软很多。但是增塑剂既然可以溶解 PVC，也就可以溶解其他几种物质。这里面就包括制作尺子会用到的 PMMA（聚甲基丙烯酸甲酯）和 PSt（聚苯乙烯）。所以你所看到的现象，其实是因为尺子和橡皮紧贴的时间太长，橡皮里的增塑剂通过接触面，把尺子溶解（或溶胀）了的表现。

@ 许小然

04 | 10

星期三　三月初二

有没有什么眼睛很大但是一点也不萌的生物?

04 | 10

星期三 三月初二

苍蝇。

@heiheihei

跑步时你们都会想什么?

04 | 11

星期四　三月初三

04| 11

星期四 三月初三

跑步前：世态炎凉，那个谁讲话怎么这么刻薄，这不是在针对我吗？

跑了一圈一圈又一圈，每多跑一圈想法都会变一点点。

跑完5公里：世界如此美好，人与人之间总会有点误会，过去了就好了。

跑步会引起大脑兴奋性神经递质的分泌，不同的神经递质让你对这个世界的认知会很不一样。

@成都之夏

04|12
星期五｜三月初四

在盲人和色盲的想象中，会有颜色存在吗？

04|12

星期五 三月初四

盲人虽然没有视觉，但他们在对颜色的自然发生和应用的理解方面和健全人基本相似。盲人能够利用语言对颜色概念产生深刻的理解，并仅根据其类别对全新的物体进行推理，其方式与有视力的人是共通的。唯一的差异可能就是盲人无法真正看到色彩的美丽吧。

@Psychedelic

04|13

星期六 三月初五

有哪些骗了你很久的伪常识?

04|13

星期六　三月初五

儿童、少女失踪或走失，监护人或家长都应立即报案，而不是像影视剧中所说的要 24 小时后警方才能立案。警方接到报案后会在第一时间立案调查，不需要等 24 小时。

@sisyphus

04 | 14

星期日　三月初六

明明很熟悉的人，为什么会突然记不得名字？

04 | 14

星期日 三月初六

1. 名字没有意义，不好记，和其他有指代的专属名词不同，名字本身并不具有固定的含义或标签，我们不能仅从一个人名就完全了解这是一个怎样的人。
2. 忘记了他（她）的名字，很难用同义词蒙混过关。
3. 名字使用频率较低，比起日常使用的其他名词，一个人的名字在没有遇到与这个人相关的事件时很少会被我们提及，这也就导致人名的使用频率会更低，而使用频率会影响到对词语的记忆。

@京师心理大学堂

如果月亮突然消失会发生什么？

04 | 15

星期一　三月初七

04|15

星期一　三月初七

1. 潮汐会有变化：潮汐受月球影响，月球消失会使潮汐发生改变或消失，而这会对海洋的很多生物产生影响，比如招潮蟹。此外潮汐的变化对海岸线的地质状态也会有影响。
2. 农历历法消失：中国农历的初一是根据月相来确定的，月球没有了，那么农历就不能确定大小月，农历就失去了实际意义。
3. 人类失去了探索太空的跳板：从月球发射火箭相对容易，没有月球，离地球最近的天体就是火星和各种小行星了，这些星体的探测难度都远远大于月球，估计人类的太空探测会受阻。

@ 时国怀

04 | 16

星期二　三月初八

可不可以用一句话让我滚去学习?

04| 16

星期二 三月初八

你每一个想要学习的念头，都有可能是未来的你在向你求救。

@遇见高中生

为什么中国人发明的名词爱用“子”字，比如桌子、鞋子？

04 | 17

星期三　三月初九

04|17

星期三　三月初九

根本原因是更符合流体力学，使用流线型物体破开空气最省力。具体来说，在一个词发音收尾的时候，把嘴唇逐渐关小，让很少的气流从嘴唇中或牙缝中流出，符合人自然闭口的过程。无独有偶，西欧语言也有这个特点，例如阿喀琉斯、阿多斯、阿拉密斯、埃阿斯、珀修斯等。

@ 蓝色龙骑兵

04 | 18

星期四　三月初十

“青梅煮酒”时，为什么要配青梅，又为什么要煮酒？

04|18

星期四　三月初十

将相关历史文献翻译得简练一点就是 4 个字：喝酒吃菜。当时喝酒的场景是这样的：喝一口酒、吃一口梅子。如果是成品黄酒，那只需要加热到 60 ～ 70℃，放到酒桌旁边的樽里，然后再盛进酒杯里喝。这里的煮酒指的就是温酒，并不是像吃火锅似的煮到沸腾。煮酒也有煮沸的喝法，但用的不是成品酒，而是有酒糟的酒，煮沸后酒糟浮在酒上，闻起来特别香。此外，煮酒也是古代黄酒的一道杀菌工序，为的是防止酒腐败。

@foxwong

04 | 19

星期五 三月十一

谷雨

04|19

星期五 谷雨

04 | 20

星期六　三月十二

有哪些看似很无用却有着出人意料之用法的超能力?

04 | 20

星期六　三月十二

我有个很特别的能力，就是生吞一口空气后能控制肚子发出声响，就是肚子饿的那种声响。于是每次最后一节课快吃饭了、老师讲课拖堂的时候，旁边人就捅我，让我快发动“究极”技能。于是在老师说话间隙，我就让肚子发出声响，老师听到了很尴尬，就会说“都饿了吧，那算了，不拖堂了明天再讲……”可以说是很无用又很出人意料了……

@ 克里斯匠人

04 | 21

星期日 三月十三

为什么现在市面上的葡萄酒不全用螺旋盖呢?

04|21

星期日 三月十三

软木塞适合需要熟成的葡萄酒，螺旋盖适合不需要熟成的葡萄酒。使用软木塞，水蒸气不容易渗入而微量空气可以渗入，利于葡萄酒的熟成。

@HAKU

04 | 22

星期一　三月十四

起源于热带的人类是如何在寒冷的环境中存活下来的?

04|22

星期一 三月十四

因为人类发展出了复杂的文化作为应对生活中挑战的解决方案。生活在寒冷地区的人比生活在温暖气候地区的人更依赖捕猎动物生存，因为肉类富含御寒所需的热量和脂肪。有考古证据表明，古人类用动物皮制作衣服和住所。他们烹饪和使用火来制作用于制造工具的桦木沥青胶的证据，表明了古人类在控制和使用火方面拥有较高的水平。即使与其他灵长类动物相比，人类在身体上对气候的适应能力较弱，但人类的行为适应能力比生物适应能力更快、更灵活。人类是终极适应者，几乎在每一个可能的生态位上都能茁壮成长。

@ 老牛头

04 | 23

星期二　三月十五

孤独的时候，如何有意义地度过时光？

04|23

星期二 三月十五

现在这个时代有两个特征，一个是信息，一个是科技，而且未来这两个特征只会增强不会减弱。在这样的时代，我们需要懂的知识多、了解和掌握的科学技术多，才有竞争优势。一个人的智识可以通过很多形式规模化，放大亿万倍，而不是看谁认识的朋友多，谁的力气大，谁能拉帮结伙——这些都是农业时代的竞争优势。解决孤独的方法就是去阅读，从过去两三千年的历史中寻找朋友，多学两门外语，你的朋友就会更多一些，不仅有中国的，还有英国、德国、法国或者日本的。把书摆在书架上，你就知道，你在世界上不孤独，还能享受信息时代的益处：运筹帷幄之中，决胜千里之外。

@ 孙悦礼

04 | 24

星期三　三月十六

我们可以让凉水迅速变热，为什么不能让热水迅速变凉呢？

04 | 24

星期三 三月十六

把水在一瞬间降至 -100℃是一件很容易的事，我们可以用一个双通道的喷嘴，内层通道是你要变凉的水，外层是雾化冷空气。这样把水用喷雾的形式直接喷出来，基本上你就可以看到一片白茫茫的雪雾。其实，雾化空气甚至不需要有多冷。比如说我们可以用常温的高压空气把水喷出来。一方面，空气在节流的过程中由于焦汤效应会大幅降温。另一方面，水以极小的雾滴和大量空气充分混合的时候，由于比表面积极度增大而且空气中水的分压很低，水分会急速挥发，导致热量迅速被带走，也可以让剩下的水全部变成冰晶。

@贾明子

04 | 25

星期四 三月十七

有没有可能生产保质期为 1000 年的食物?

04 | 25

星期四 三月十七

结论：现实层面基本不可能，科幻层面有得谈。

除了高度酒、白糖、醋等豁免保质期的食物，从商业角度来说，如果不是有特殊需求，很少有商家会主动把产品的保质期设得过长，即使食物真的可以放那么久，也不会这么做。因为“可销售时间”延长产生的边际效用会递减，但食品变质引起的风险则会大大增加。保质期设得太长就相当于在给自己挖坑。如果一定要保存，我们就设置一个比较极端的保存条件：尽可能接近 0K，并且远离光照和各种宇宙射线。此时分子的热运动几乎停止，理论上食品的保存时间就可以以千年为单位计算了。这个条件在宇宙中不算特别苛刻。

@ 钱程

04 | 26

星期五　三月十八

有什么看起来毫无关系的食材，搭配在一起却惊人地好吃?

04|26

星期五　三月十八

当红柳大串遇上酸奶哈密瓜，那便是左手持串，右手拿勺，先品羊肉焦脆鲜嫩，再尝水果脆软甜香。红柳大串的滋味让我仿佛来到烧烤炉前，空气中混淆着爆裂声、撞击声、风箱拉扯间的“低吟”，以及汗水洒落在通红的木炭上的“呜咽”。肉串在火焰中灼烧着，在猛烈的炙烤中渗出杂质，变得更加纯净。终于在一瞬间，它抛弃了自己的倔强，任由我塑造成我想要的形态。而酸奶哈密瓜又让我回到了童年，在秋日夕阳里欣赏大漠中那片胡杨林。柔弱的枝叶在微风中轻轻荡漾着，呼唤着。

@Alfred 大老虎

04 | 27

星期六 三月十九

古代人入住旅馆时要提供身份证明吗？

04|27

星期六 三月十九

需要。只不过古代住旅馆时，提供的不一定是身份证，而是各种通行证。这东西每个朝代的叫法不一样，曾被称为符、传、节、过所、公验、文牒、驿券、路引、勘合、火票等，元朝时称为“铺马劄子”，清朝称为“护照”，并沿用至今。

@娃娃鱼

04 | 28

星期日　三月二十

在你亲历的短短时间内，世界有哪些惊人的改变？

04|28

星期日 三月二十

快乐星球的朋友们发明了一种神奇的电子书，老顽童爷爷和莲蓉包向乐乐介绍这本电子书强大的功能——可以看书、玩游戏、听音乐、看电影……那时候我感觉比它文曲星或者 MP4 厉害太多了，但又知道这只是科幻电视剧，很难实现，哪怕有钱也买不到。现在再看看手上的手机，除了厚度和价格（电视剧里只卖十块钱）其他方面都远远优于当初我羡慕的这款科幻产品，触屏式智能手机开始爆炸式发展的 2010 年，距这部电视剧开播只过去了 6 年。当初幻想的，如今已成为每个人的理所当然。

@ 刘同学

为什么一天天的什么也没干，还会觉得很累？

04 | 29

星期一　三月廿一

04 | 29

星期一 三月廿一

因为你的大脑资源已经消耗光了。有以下几种原因：

1. 情绪劳动。如果一份工作需要你人为地去克制或者控制情绪，那么就会造成消耗。

2. 注意力资源的消耗。真正让人疲倦的，是注意力的频繁切换。而我们现在的工作，正是被高度碎片化了的，要求我们有“三头六臂”，快速做出反应，这一秒还在写报告，下一秒马上被拉去开会。

3. 过度忧虑，在职担心失业，失业了担心找不到工作，上班担心事情做不完……

4. 无望感——“无论我做什么，都改变不了现状”。现在的年轻人很流行讨论“躺平”，但我相信他们的躺平，其实并非一种轻松惬意的生活状态，而是在无望心境下的无奈之举。

@宏桑

04月30

星期二　三月廿二

微单相机会取代单反相机吗?

04|30

星期二 三月廿二

我觉得不会，原因有几点：

1. 有些单反相机爱好者，对一些拍摄细节是有主观上的偏好的。比如机械快门独有的咔嚓声，反光镜抬起的同时从内部传来的震动感，这些都是用单反拍照才能体验到的，微单做不到。

2. 有些摄影师就是喜欢通过单反的光学取景器看画面，觉得比微单的电子取景器更为自然、明丽、清晰。虽说微单的电子取景器看到的和拍出来的一致，省去了单反拍摄时要先测光再调整参数的步骤，但是微单取景器中的画面叠加了各种参数后，人眼看到的画面在视觉上就没有单反那么自然和真实了。

3. 单反在电池续航上的还是有优势的。微单的电池续航能力有所提升，但和单反一对比还是有差距的。

@ 卡老板 Camille

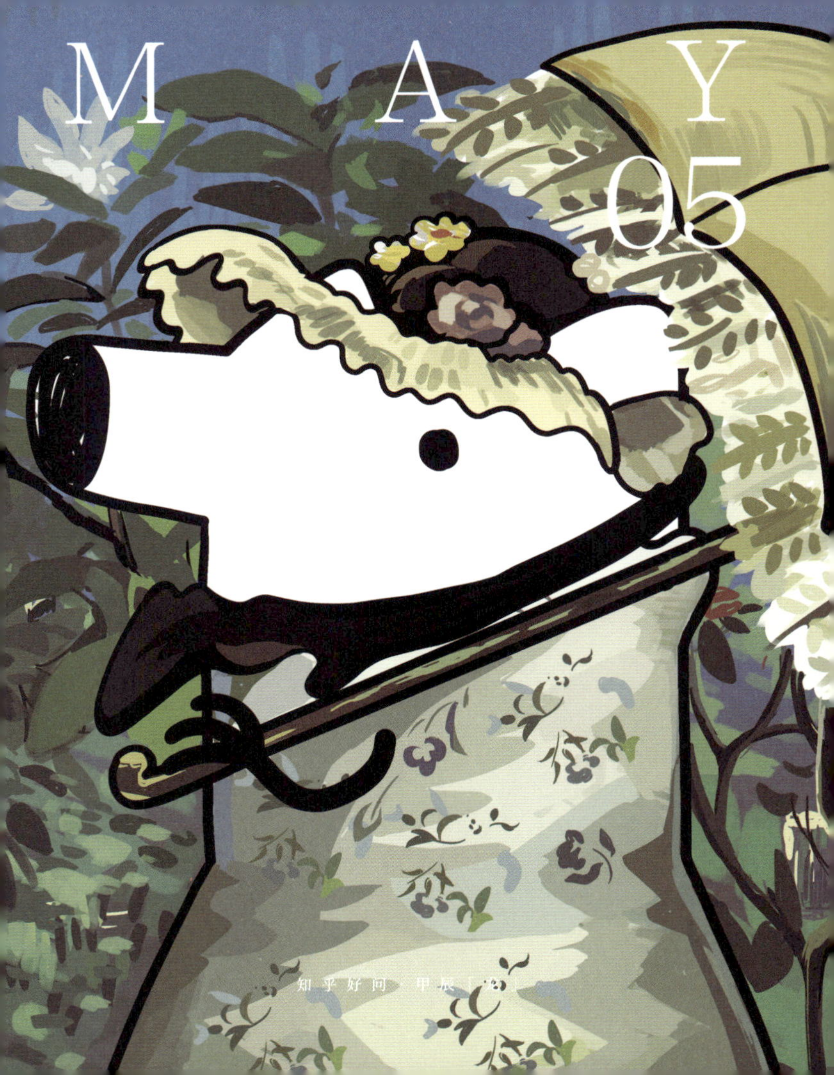
MAY
05
知乎好问·甲辰「龙」

05

	一	二	三	四	五	六	日
18			1	2	3	4	5
19	6	7	8	9	10	11	12
20	13	14	15	16	17	18	19
21	20	21	22	23	24	25	26
22	27	28	29	30	31		

05 | 01

星期三 劳动节

劳动节有什么意义?

05 | 01

星期三　三月廿三

劳动节的确立起初是为了庆祝工人运动的胜利。它代表了劳动者反抗剥削、争取自己的合法权益这一事件的成功。从法学意义上来说，法律要保障基本人权。基本人权是每个人都应当享有的基本权利。人要成为完整的人，离不开劳动。因此我认为，基本人权就包括了劳动权和不受剥削的权利。从哲学意义上来说，劳动节提醒人们要敬畏劳动，敬畏人本身，敬畏人的精神，尊重反抗剥削的本性，完善自我，发展自我。个人的全面发展才能带来全人类的全面发展。

@goodbyeday

有没有固体氧？人吃了会怎样？

05 | 02

星期四　三月廿四

会着火。液氧接触有机物会自燃，包括沥青这种想点都点不着的东西。所以液氧罐子、管路都要严格禁油。吃一块？直接火化。

@ 张浩

05 | 03

星期五 三月廿五

地球上最像皮卡丘的生物是什么？

05 | 03

星期五 三月廿五

你以为我会说鼠兔（*Pika*），我偏不，我要说一个蜘蛛的“屁股”。这玩意就像长了个皮卡丘的头在上面。“屁股”打引号是因为这个地方不应该叫屁股，而是蜘蛛的腹部。这种蜘蛛叫箭形蛛（*Micrathena sagittata*），生活在美国东部和整个中美洲。种名*sagittata*，拉丁语的意思是“箭”，指的就是它的腹部两端像箭一样。而我觉得它腹部的两端更像皮卡丘的两只耳朵，主要是配色也差不多，都是亮黄色，尖端还是黑的。要不是给它起名时还没有《精灵宝可梦》，估计它就叫皮卡丘蛛了。

@ 苏澄宇

05 | 04

星期六 青年节

你被哪些炽热又勇敢的青春打动过？

05 | 04

星期六 三月廿六

少年见青春

（宋）王安石

少年见青春，万物皆妩媚。
身虽不饮酒，乐与宾客醉。
一从鬓上白，百不见可喜。
心肠非故时，更觉日月驶。
闻欢已倦往，得饱还思睡。
春归只如梦，不复悲憔悴。
寄言少年子，努力作春事。
亦勿怪衰翁，衰强自然异。

@Hnyben

05 | 05

星期日 三月廿七

立夏

05 | 05

星期日 立夏

05 | 06

星期一　三月廿八

历史上有哪些君主死得特别奇特？

05 | 06

星期一　三月廿八

埃及阿里王朝的末代国王法鲁克一世。此公特别能吃，一顿早饭12个鸡蛋，午饭40只鹌鹑，晚饭2只火鸡，一天30瓶啤酒。他还经常把自己关在小黑屋里大吃巧克力，十几岁体重就超过了300磅（约136.08千克）。此公下台以后，在1965年3月的一个晚上吃下足够一整支现代足球队敞开了吃的晚饭——传说具体清单如下（没详细考证）：12只大龙虾、10个牡蛎、8条大鱼、5大碗炒饭、数十磅奶酪和难以估计数量的果酱、大饼、豆子、蔬菜水果，也有人说这些够供应一支军队——然后就因撑而驾崩了……吃到驾崩了……

@看星空的仓鼠

05 07
星期二 三月廿九
有哪些中国地理冷知识？
知乎好问·甲辰「龙」 128/366

05 | 07

星期二 三月廿九

世界上，离海最远的地方在哪里？在中国新疆。这里被称作“欧亚大陆难抵极”，位于阿拉山口附近，具体坐标在（44°17′N，82°11′E）和（44°29′N，82°19′E）之间，靠近中国与哈萨克斯坦的边境线。离它最近的海洋也有2600多千米的距离……

@钱程

05 | 08

星期三　四月初一

为什么水在地球上几亿年都没过期，放进罐子里几年就过期了?

05 | 08

星期三 四月初一

这是因为，水在地球上并不是一成不变地留在某处，而是不停地在海洋、地表、地下、空气等处流动，这些水资源共同形成了伟大的“水循环”。在地球上，我们几乎可以打包票说：“有液态水的地方就有生命，水正是地球表面生机勃勃的基础。”水之所以会变质“过期”，是因为其中溶解了一些营养物质，使微生物繁殖速度变得非常快，不断地分裂、繁殖，直到把营养物质消耗殆尽……这样，水就“过期”，无法饮用了。

@鲁超

05 | 09

星期四 四月初二

你是如何凭实力单身的?

05 | 09

星期四　四月初二

大一我在青协，准备参加马拉松的时候，综协部的妹子递给我一瓶饮料，我拧开瓶盖“咕嘟咕嘟”喝了个爽，还有礼貌地回了“谢谢”。然后看她目瞪口呆，才知道人家只是想让我帮她把瓶盖拧开。让我帮忙拧开你又不说话，我觉得这事不怪我（摊手）。

@黄狗先生

05 | 10

星期五 四月初三

“抗糖”到底是什么？我们为什么要“抗糖”？

05 | 10

星期五 四月初三

因为皮肤内部过度的糖化反应，造成的最严重也是最直接的后果，就是让皮肤里面负责支撑结构的弹性蛋白和胶原蛋白都降解掉。紫外线对糖化反应还有促进作用，这个帮凶一来，糖化反应就更加猛烈了。有研究者对比了 30 多岁和 60 多岁的两组人的皮肤糖化情况，发现衰老加上紫外线的积累，让人在年纪大了以后，皮肤里面的糖化产物累积得非常多。“糖化催人老”，这可不是一句空话。

@ 胡晓波

为什么人没有考虑过大规模饲养苍蝇来作为自己的蛋白质来源?

05 | 11

星期六　四月初四

05 | 11

星期六 四月初四

早已经有人这么做了。有一种虫子叫黑水虻，它属于水虻科（也称层蝇科）。因为它喜欢吃腐食，所以很早就有科学家想用它来处理厨余垃圾，然后趁它还不能飞，在变蛹的时候把它搅碎、晒干，做成蛋白质饲料。幼虫阶段的它最适合用来处理厨余垃圾，到了预蛹的时候集中采收就可以拿来做饲料了，一般都是用作水产动物的蛋白原料。利用黑水虻处理厨余垃圾生产蛋白饲料的技术挺成熟了，多家公司都实现了黑水虻的规模化养殖。

@ 苏澄宇

05|12

星期日 母亲节

为什么全世界都称母亲为“妈”？

05 | 12

星期日　四月初五

因为 a 音闭一下嘴发出的就是 ma 音，闭住就发 mu 音。同时这是原始人类声线能发出的最简单音。而在原始社会语言形成之前，男性外出打猎，照顾婴儿的任务交给了妈妈。婴儿发出声音呼唤妈妈的关照时，要么就发 a 音（啊啊大叫），要么就嘴一张一闭地发 a 音。嘴一张一闭地发 a 音就是“ama”“mama”，闭住不开就发 mu 音。所以妈妈不外乎“ama”“mama”“amu”“mamu”“muma”这几个音，然后就自然形成了。这个音是呼唤照顾他的人的声音。“mama”在语言形成前是“叫妈妈来”的信号，语言形成后，就代表妈妈。

@Tyrone 天予

05 | 13

星期一 四月初六

第一只在国外出生的大熊猫在哪里？

05 | 13

星期一 四月初六

可考证的第一只在中国境外顺利出生的大熊猫是在墨西哥查普特佩克动物园出生的母熊猫“新丽”（Xen Li），其父母是公熊猫“贝贝”和母熊猫“迎迎”，其出生日期是 1980 年 8 月 10 日。不过这只熊猫幼崽只活了 8 天，就被母亲“迎迎”在翻身的时候压死了。可考证的第二只在中国境外顺利出生、同时也是第一只境外出生并活到成年的大熊猫是“新丽”的妹妹“多威”（Tohui），它在 1981 年 7 月 21 日出生。

@ 一个男人在流浪

05

西瓜霜是如何制成的？

知乎好问 · 甲辰「龙」 135/366

05 | 14

星期二 四月初七

我们所熟知的桂林西瓜霜并不是纯的西瓜霜。西瓜霜作为高浓度的盐，可以起到消肿的作用，但光这样是治不了口疮的。桂林西瓜霜还有冰片、黄连、硼砂、甘草、薄荷等成分，这些成分有杀菌、止痛、消炎的作用，这些才是治疗口疮的主要成分。个人不建议长期使用桂林西瓜霜，因为其中含有的硼砂成分虽然有很强的杀菌作用，但长期大量食用有积蓄性中毒风险。

@ 艾尔一把刀

沙漠的日夜温差非常大，听说这是辐射冷却，请问何谓“辐射冷却效应”？

05 | 15

星期三 四月初八

05 | 15

星期三 四月初八

首先要理解几个基本原理：

1. 只要是热力学温度不为 0 的物体，就会向周围的空间辐射能量，这个能量与热力学温度的四次方成正比；

2. 物体的温度越高，其辐射出射线的波长越短，反之则越长；

3. 电磁波携带的能量与波长成反比，波长越短，能量越强，反之亦然。

所以，太阳温度高，放出短波辐射，在白天加热了地球。而地球本身也会放出长波辐射，就是红外线，只不过白天入射的短波辐射携带的能量远远大于出射的长波辐射，所以一般白天对地表来说是能量净收入，温度上升。晚上短波辐射基本为 0，这个时候主要考虑地表向外放出的长波辐射，对地表来说这是能量净支出，温度下降。

@Yang Shu

05 | 16

星期四　四月初九

如果我使蚊子这个物种灭绝了，我犯了什么错?

05 | 16

星期四　四月初九

犯了生物分类不清晰的错。口语中的蚊子在生物学上是一个科，包括 112 个属，3000 多个物种。

@Ace Zhu

05 | 17

星期五 四月初十

熬夜对皮肤的危害可逆吗？

05 | 17

星期五 四月初十

是可逆的。从传统的思路来看，可以用以下方法解决：强化皮肤的抵抗力，比如使用抗氧化成分、调节皮肤细胞的免疫反应等；使用一些酸类成分来加快皮肤代谢；直接解决胶原蛋白、弹性蛋白的再生；最后，尽量不要熬夜。

@ 胡晓波

05 | 18

星期六 四月十一

哪些服装面料不粘猫毛？

05 | 18

星期六 四月十一

如果从材料方面考虑的话，我能想到的就是两个切入点：

1. 衣物材质足够致密，足够平滑。为什么棉毛就比皮衣更吸毛？说白了，首先是因为棉毛衣物表面粗糙、多孔，毛发容易钻进这些孔隙里；其次这些材料也比较亲和毛发。

2. 如果衣物空隙足够大，而且用的织物材质也比较不亲和毛发的话，或许也可以避免毛发吸附，比如……尼龙渔网袜？

@ 小飛

05 | 19

星期日　四月十二

你能把遗憾写到什么程度?

05 | 19

星期日 四月十二

你要写遗憾，就不能只写遗憾，要写第一眼的缱绻与躲闪，写座位旁的小心翼翼和坐立不安，写偶然相遇的满心欢喜和红红的脸蛋，写傍晚的操场和自习室的灯盏，写无数次的试探，写来不及的勇敢，写渐行渐远渐无书的悄然。

你要写遗憾，就不能只写遗憾，你要写无数次伸出又收回的手，写很多次凝望她的目光，写遇到美好的事却无人分享的迷茫，写未曾给出的十多封信件落灰的忧伤。

你要写遗憾，就不能只写遗憾，要写初识的装模作样，为了接近她的朝思暮想，要写她的多愁善感，要写自己不断放大的、如杂草般丛生的爱意，要写与无爱者的彻夜谈爱，要写她说喜欢上另一个人的模样，就如同大梦一场。

@山有木兮莫有枝

05 | 20

星期一 四月十三

小满

05 | 20

星期一 小满

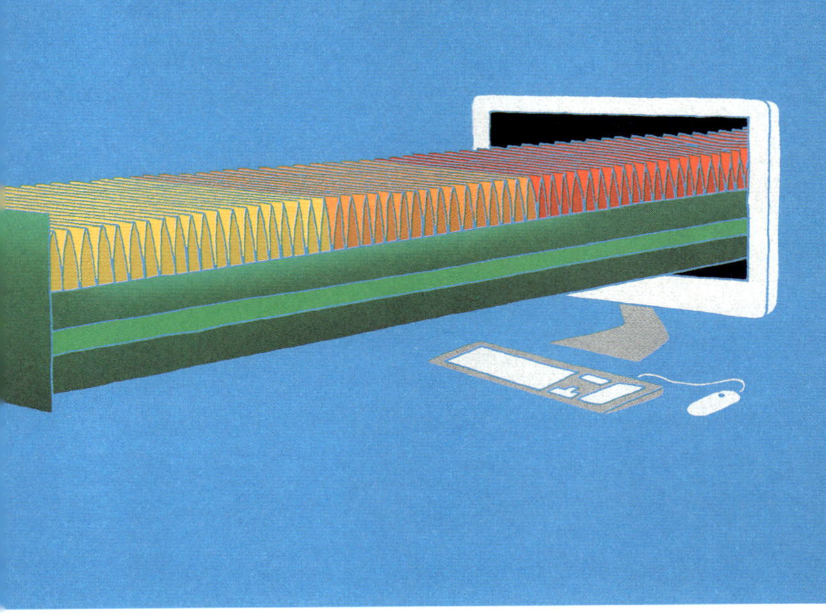

为什么会有 PDF 这种文件格式?

05 | 21

星期二　四月十四

05 | 21

星期二 四月十四

很多年前，有很多种计算机，除了PC和Mac，还有Amiga、C64等；除了Word和WPS，还有很多种文字处理软件；除了惠普和佳能，还有很多种打印机品牌；还有很多种操作系统就不用说了。它们之间的相互兼容是个大问题，文字处理软件需要在各种平台上运行，适配各种打印机，太麻烦了。

施乐公司的几位员工决定发明一种与具体硬件无关的语言来解决这个问题，他们从施乐公司出来创立了一家小公司，就是Adobe，这种语言就是Postscript。过了几个月，乔布斯来Adobe公司参观，感觉有点意思，就给他们投了一笔钱，并且给Mac用上了Postscript。Postscript继续发展，附带的一个成果就是PDF，它保证不管在什么设备上看到的文件效果都是一样的。

@张浩

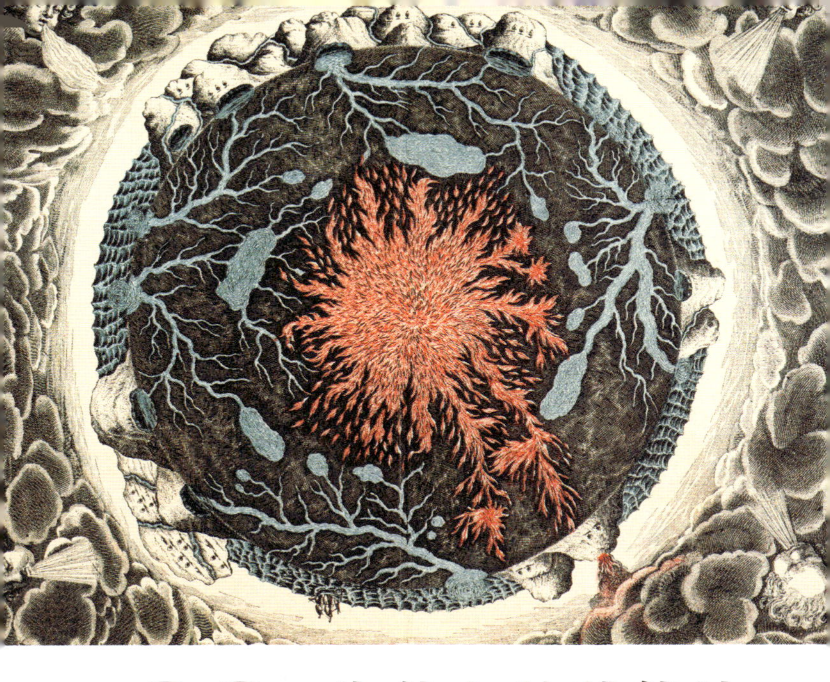

05 | 22

星期三 四月十五

为什么地球能让整个海洋不移动，而我却可以在地球上轻松移动？

05 | 22

星期三 四月十五

因为你有肌肉，而海洋没有。地心引力把所有物体都向地心吸引。一旦物体与地面接触，它们就不再能移动。大多数物体就只是“坐”在原地，要使它们移动，就必须施加额外的力。你可以用你腿部的肌肉施加一个力，使你的身体在地球表面上移动。当然，你无法离开表面，或者说至少不会离开太久，因为重力最终还是会获胜。海洋没有肌肉来站立和跑步，所以它基本只能静静地躺着。但是它确实也会有一定的移动，比如水面可以被风吹动，整个海洋也会被月球引力引起的潮汐来回拉动。

@ 卜仆

为什么足球鞋和网球鞋等没有发展出和篮球鞋类似量级的“球鞋文化”？

05 | 23

星期四　四月十六

05 | 23

星期四 四月十六

足球鞋、高尔夫球鞋，大多是为草地场景设计的钉鞋，日常没办法穿，只有少数复古室内足球鞋有一定人气，可我们现在管这种复古鞋叫板鞋，不把它当足球鞋了。而网球鞋的销量是非常大的，现在的“小白鞋”大部分就是网球鞋，其设计灵感取自 20 世纪 70 年代网球鞋的样式。这些网球鞋基本都是复刻，技术含量不高，依然是几十年前的水平。实战网球鞋的制作有技术含量，但在款式上和传统网球小白鞋差别比较大，销量也大不如小白鞋。因此小白鞋虽然随处可见，可消费者感知不到它和网球有什么关系，知名度自然不如跑步鞋和篮球鞋。

@ 奥肯

05 | 24

星期五　四月十七

为什么要把飞机的油箱安装在机翼中?

05 | 24

星期五 四月十七

将油箱放在机翼中有很多好处，比如可以有效利用空间（因为机翼太狭小无法存储大量货物），为乘客和货物留出更多空间；离引擎更近（燃油泵故障时仍可借重力供油）；因为油箱重心与升力中心的位置很接近，消耗燃油（油箱重量改变）不会让飞机头尾失衡（极大地减少了飞行期间的重心偏移，减少了水平尾翼的尺寸和重量）；离乘客更远，爆炸时看上去略微安全些（可能有那么一点点吧）。但最重要的作用是，它可以缓解悬臂翼的弯曲，减少它的应力和颤振。

@ 太空僧

05 | 25

星期六 四月十八

有哪些很有趣的冷知识？

05 | 25

星期六　四月十八

狗在没有拴绳且地磁场稳定的情况下，更喜欢沿南北方向随地大小便。这是一项从动物行为学角度展开的科学研究，研究的主题是狗狗体内的“指南针”，他们观察并统计了非常多狗随地大小便的过程（1893 次大便、5582 次小便），得出此结论——真是一个有味道的研究呢。

@ 小飛

05 | 26

星期日　四月十九

中国有哪些鲜为人知的世界之最？

05 | 26

星期日 四月十九

西瓜产量，比其他国家加起来都多。
所以我国有那么多“吃瓜群众”。

@ 纪经

05 | 27

星期一 四月二十

电动牙刷真的比普通牙刷更有效吗?

05 | 27

星期一 四月二十

电动牙刷确实比手动牙刷的刷牙效率更高，更有效果。

1. 电动牙刷清洁效率更高，能够更彻底地去除牙菌斑。

2. 电动牙刷方便且功能多，对牙齿更安全——电动牙刷除了普通的清洁模式，还会考虑到不同人群的清洁需求，配有其他模式。

3. 用电动牙刷更容易坚持刷牙。

@ 六号牙医

05 | 28

星期二 四月廿一

癞蛤蟆真的能吃天鹅肉吗？

05 | 28

星期二 四月廿一

还没见过癞蛤蟆吃天鹅，倒出现过牛蛙试图吞大水鸟。2020 年 2 月 26 日，在美国利文斯顿，有人看到水里有只水禽，头一直埋在水里都不动弹了。直到把这只鸟拉上了岸，人们才发现有一只牛蛙把鸟的头连同脖颈都给吞了下去。其实大型蛙类吃鸟并不罕见，比如这种美洲牛蛙。美洲牛蛙成熟个体可达 500 克左右，甚至还有 800 克的，身长 20 厘米左右。可以说，它们是北美洲最大的蛙类。个头大，偶尔吃个鸟什么的，就见怪不怪了。除了吃鸟，它们还会吃老鼠、蜘蛛，还有其他青蛙。只要能塞进嘴里的东西，就会往嘴里塞，如果有一天有人拍到了牛蛙吞天鹅，也不会很奇怪。

@ 苏澄宇

05 | 29

星期三　四月廿二

为什么我们看不出恒星在动?

05 | 29

星期三 四月廿二

答案很简单。想要覆盖你视野的某个比例，物体离你越远，就必须走得越多。因此，一个物体的角速度越小，它看起来就越慢，不论其真实的线速度是多少。人眼的通常视角约为 120 度，飞驰的汽车可以在一两秒内跨过那个角度，飞机则需要几分钟，而恒星需要的时间与地球自转的速度相关。由于地球每 24 小时旋转 360 度，所以恒星需要超过 8 个小时才能跨过那个 120 度。如果你没有耐心一直观察，那就会认为它们是静止的。

@ 卜仆

05 | 30

星期四　四月廿三

为什么只有葡萄被大量用于酿酒，其他水果却没有？

05 | 30

星期四 四月廿三

之所以给大家一种“水果里只有葡萄被大量用于酿酒”的错觉，是因为葡萄酒的体系已经发展得非常成熟了，而且葡萄酒的文化属性让它成为“水果酿造酒”领域商业化的代表并在世界各地传播，看起来就代表了全世界所有水果酿造酒。如果宣传和文化配套工作跟得上的话，称霸欧洲中世纪的“城市之酒”和“平民的饮料”——苹果酒，也是一个能为现代人留下“被大量用于酿酒”印象的水果酿造酒体系。与葡萄本身所带有的文化与宗教意义类似，苹果本身也带有相当浓厚的宗教意义，但是，苹果酒却征服了因文化和宗教差异而分隔开来的人群。

@看星空的仓鼠

电热蚊香液的毒性到底有多大?

05 | 31

星期五　四月廿四

05 | 31

星期五 四月廿四

一瓶电蚊香液 33 毫升，含 1.2% 氯氟醚菊酯，约 0.396 克。
要影响一个体重 70 千克的成年人，需要 140 克氯氟醚菊酯，得连喝 353 瓶电蚊香液。

@ 麻瓜

JUNE
06
知乎好问 · 甲辰「龙」

06

	一	二	三	四	五	六	日
22						1	2
23	3	4	5	6	7	8	9
24	10	11	12	13	14	15	16
25	17	18	19	20	21	22	23
26	24	25	26	27	28	29	30

06 | 01

星期六 儿童节

有哪些“童言无忌”让你啼笑皆非？

06 | 01

星期六　四月廿五

我小时候可皮了，我奶奶就跟人家说，我这孙子属驴的，一天到晚活蹦乱跳的。后来上幼儿园了，第一天老师让小朋友们介绍自己，我就说我今年 4 岁了，我属驴的！

@ 里昂

06|02

星期日　四月廿六

如果进化论是真的，为什么没有出现超级生物？

06 | 02

星期日 四月廿六

“超级生物”已经诞生了。在近一万年里，人类在生物学性状没有显著变化（甚至脑容量和平均体重有所减小）的情况下，凭借社会组织形式的发展和技术累积革新，对环境的改造能力实现了数量级的飞跃，在对相同或相近生态位的竞争中取得压倒性的优势。这表明了人类这种生物已经跳出了原本所处的竞争赛道，开启了另一个维度的演化。更离谱的是，整个生物演化史上，强优势的生物——蓝细菌、三叶虫、肉鳍鱼、恐龙等，都是一个庞大的生物学门类。而现代人类，只是一个亚种。

@Ace Zhu

为什么动物几乎不锻炼肌肉还那么发达，人却要不断健身才可以？

06 | 03

星期一　四月廿七

06|03

星期一 四月廿七

如果你能做到“食物基本靠抢，赶路基本靠腿，情敌基本靠打”，那么你也能拥有一身傲人的肌肉。

@吴广

06|04

星期二　四月廿八

别人对你说过最棒的赞美是什么？

06 | 04

星期二 四月廿八

我31岁了,未婚,还没对象。在许多人眼里就是大龄剩女,眼光挑剔。我不知道自己到底要什么,但清楚地知道自己不要什么。某天和朋友聊天,他对我说:“以后你无论和谁在一起一定都会很幸福,因为你从不把幸福寄托在别人身上。”这是我单身到现在听过最好的赞美。

@十二不二

06 | 05

星期三 四月廿九

芒种

06|05

星期三 芒种

06 | 06

星期四　五月初一

成年人的心动是什么样的?

06 | 06

星期四 五月初一

算了。

@ 鸥鹭

06 | 07

星期五 五月初二

有哪些让你目瞪口呆的bug（故障）？

06 | 07

星期五 五月初二

有用户反映每次播放李娜的《青藏高原》时，笔记本电脑就会死机。经测试发现，唱到最后那句“那就是青藏高……”时，硬盘产生了共振，振幅过大，读写头读不出数据了。

为了抓住这个 bug，朋友听了一个月的《青藏高原》……

@wuz

06 | 08

星期六　五月初三

冒菜为什么叫冒菜？

06 | 08

星期六 五月初三

民国时期的大学者姚华著有《黔语》，其中提道：“粉是熟食，惟欲热而不使烂，则于热汤沸过，漉之，曰芼。饭亦或曰芼。宋陈唐卿《赠皎、启二僧诗》有句云：芼葱汤饼聊堪饱。用此字。故知贵阳芼粉、芼饭字皆同作。惟贵阳语虽有此，而未见人书耳。芼音如冒。”确实如此，君如不信，随便找个素粉摊摊，不要两分钟，保管你听到老板大声武气地喊小工，“芼一碗粉，带走”。不过，一般的店铺里，不会写成“芼”，而是以“冒”代替，譬如我们都很熟悉的“冒菜”。“冒饭”也是烫一烫就吃，其实也该是“芼饭”。

@周之江

有什么东西在高考完就逐渐消失了？

06 | 09

星期日　五月初四

06|09

星期日　五月初四

谢邀，高考完了，脑子都丢了。

@sano

06 | 10

星期一 端午节

端午节是从何处起源的？

06 | 10

星期一 五月初五

关于端午节的起源，最早可以追溯到夏商周三代的夏至习俗，从夏朝开始古人就有了对天象的观察，并诞生了历法的概念，我国依次出现过夏历、商历和周历。夏历中已经有了对节气的划分。夏商周时期在临近夏天的时候有许多节俗活动，均与夏令有关，且与夏至时间相邻，故称为“夏至节”，在此日要进行驱虫、洒扫、祛暑等传统的活动，来迎接夏天的到来。

@景辰

06 | 11

星期二 五月初六

有哪些回味无穷的讽刺故事？

06 | 11

星期二 五月初六

山上有一对师徒，徒弟考上功名，要下山做官了，师傅问他：“官场复杂，你下山后如何处事？”徒弟答：“我逢人便给他戴一顶高帽即可。”师傅生气地训斥道：“糊涂！只有小人才喜欢戴高帽，岂能人人都喜欢？”徒弟答：“山下那些人粗俗浅陋，不比师傅您境界高远，一顶高帽足以让他们对我和气三分。”师傅听罢，捻须一笑：“说的也是。”

@ 土豆烧排骨

06 | 12

星期三　五月初七

发现自己什么都不懂，什么都想学，又什么都学不精，是不是一种病态？

06| 12

星期三 五月初七

当你发现什么都不懂，什么都想学的时候，最先做的应该不是迷惘，而是庆幸。因为你的目光终于不再局限于船上，因为你发现了一片新大陆。学校的教育，就像一艘封闭的大船。再大也是有限的，用不了多久就能看清。这种桎梏可能会深深地影响人的一生。大船停航，学习也就终结了。从船到陆地，从有限到无限，选择和遗忘是很珍贵的技能。有舍才有得！

@ 孙文亮

06 | 13

星期四 五月初八

作为入侵物种的小龙虾，可不可以靠吃解决？

06 | 13

星期四 五月初八

入侵我国的“小龙虾”是指克氏原螯虾，原产于美国中南部，于1929 年由日本人引入中国南京附近养殖作为食材和饲料，后来在江苏、湖北、江西、安徽等地推广养殖。克氏原螯虾不喜欢温度较低的水，在我国北方普遍无法长期生存，但在我国南方多地业已造成危害。“入侵物种不能靠吃解决”的说法是绝对化的，并不准确。但是，非养殖的克氏原螯虾个体尺寸较小，肉质较差，经常携带寄生虫和致病细菌、真菌，作为食物的价值低下。我国民众日常食用的小龙虾主要是养殖个体。而且，为吃而养殖的个体数量增加，会引起逃逸机会增加、被“放生”的机会增加。

@ 赵泠

06 | 14

星期五　五月初九

如果世界上所有人都要为自己说过的话负责，不然就遭雷劈，这个世界会怎么样？

06 | 14

星期五 五月初九

雷会很累，天天都得阴天，每时每刻走路都要小心旁人或自己被闪电劈。开会的时候一有人说“说实话”“说句掏心窝子的话”后，立马一道闪电打进办公室带走他。120 急救车满街跑，忙得不可开交。餐厅里不断有闪电劈死喝酒的人，因为总有人喝大了就说“说真的”“我不跟你撒谎玩虚的”，然后立马被劈得倒地不起……总之，正常生活完全没法过了，全世界七十亿人，每天被劈死一个亿，七十天后全世界没有人了，雷也消停了，但是却没处要电费，“天老爷”也后悔把说谎的人都劈死，但是已经晚了。“天老爷”不知道的是，人类世界就是靠谎言和虚幻的神话支撑的，没有了这些，货币和国家以及所有秩序都可能会荡然无存……

@ 到岸读行者

为什么同样的东西，给自己买比给别人买更纠结？

06 | 15

星期六　五月初十

06 | 15

星期六 五月初十

通常我们在考虑自己的开销的时候，更在意这个物品的使用价值——这个东西我花了多少钱，起到了多大的作用——如果作用相同的话，肯定会去选那个更便宜的商品，也就是以性价比为导向的消费。在给自己买东西的时候，我们不太会去选贵的东西，而是买“好”的、实用的。但送礼物不一样，送礼是社会交换的过程，我们送礼物的时候，更在意这个物品的交换价值。在这个过程中，投入的钱和时间越多，礼物所体现出来的价值也越多，说明我们对对方越重视。所以我们在选择礼物时，常常不太考虑使用价值，而是会去挑选一些“贵”的、纯粹装饰性的东西，比如鲜花、首饰。

@ 窦泽南

06| 16

星期日 父亲节

怎么才能把肌肉练出来？

06 | 16

星期日 五月十一

单手抱 30 斤的娃散步。

@Ricki

06 | 17

星期一 五月十二

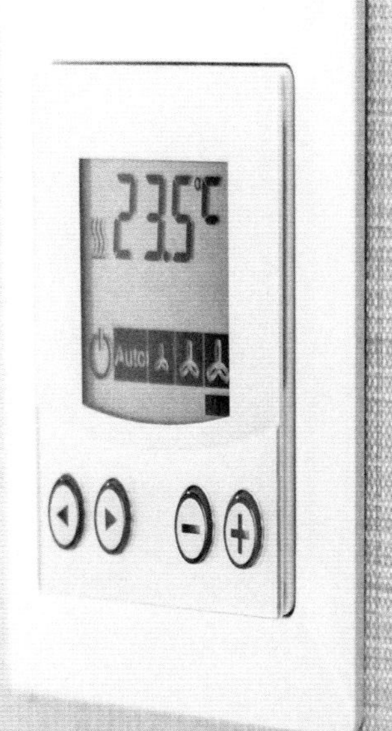

为什么空调房里没蚊子?

06 | 17

星期一　五月十二

决定蚊子咬不咬人的主要因素的确是温度，但绝不代表空调房里没有蚊子。在比较热的环境中，容易被蚊子咬有两个原因：

1. 蚊子喜欢在 25 ～ 35℃活动，以 25 ～ 30℃最为活跃；

2. 这个温度，人的外周毛细血管也会扩张，容易让蚊子“一针见血”。

开了空调蚊子消失是一种错觉，实际上，室内温度降低，房间密闭，蚊子活动会减缓。蚊子不喜欢低温，所以也就不愿意到处乱窜，在这种时候，都是扎堆停留或者藏在某一个角落里。

@ 陈子杨 Dr.outside

06 | 18

星期二　五月十三

有没有可能大脑没有思考或发出指令时，身体依旧做出行动？

06 | 18

星期二　五月十三

有很多次。看电视的时候，在我反应过来之前，我就已经在掏面前零食袋里的零食了。

@ 芊小桌儿

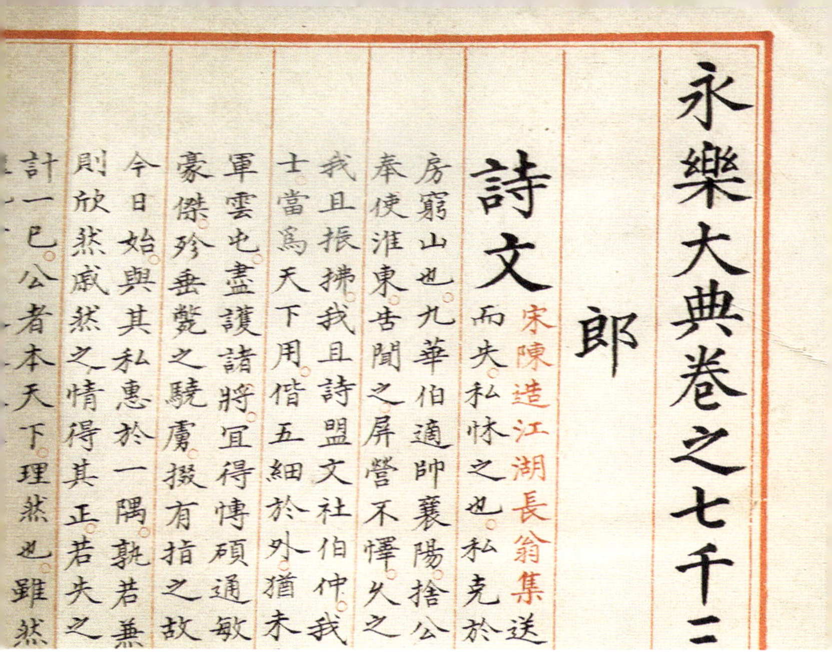

为什么古代人说话时是白话，写文章时是文言？

06 | 19

星期三　五月十四

06|19

星期三 五月十四

因为文言文言简意赅，以及用于记录的竹简和帛书都不是寻常之物。盐铁之议，几群人一起讨论，那要是用白话记下来，根本没法流传。明、清时期，一个《永乐大典》，一个《四库全书》，纸时代这种鸿篇巨制的成品规模还非常恐怖呢！因此必须简练。

@ 瘠柴

06 | 20

星期四　五月十五

突然闻到一种味道，你会不会想起关于它的记忆？

06 | 20

星期四 五月十五

通过嗅觉诱发回忆是很普遍的现象。为什么说嗅觉对于记忆的形成和提取很重要，甚至在所有感官系统中具有绝对先天优势呢？在神经生理学上，除了嗅觉，其他感官系统（视觉、听觉、触觉等）所接收到的信息会先通过丘脑，然后才会传达到相应的脑区。嗅觉通路是所有感官通路中唯一直接与海马体相通的，而海马体对记忆的形成至关重要。另外，因为嗅球与边缘系统连接紧密，也丰富了我们嗅觉记忆中的情感。

@This Is Not Tina

06 | 21

星期五 五月十六

夏至

06|21

星期五 夏至

06 | 22

星期六　五月十七

如果有一个存在了上亿年的垃圾堆，会进化出吃塑料的生物吗？

06 | 22

星期六 五月十七

人类合成的很多种塑料都出现了能够将其分解利用的生物。比如2014年，有学者在一种虫子（Waxmorm）的肠道菌群中发现了能够分解PE塑料的细菌。另外，2015年还有其他学者发现了能够啃食聚苯乙烯塑料泡沫的粉虱虫，同样在这种虫子的肠道中分离出可以分解聚苯乙烯塑料的微生物。所以，不需要题主设想的上亿年时间那么久，目前能够吃塑料的生物已经找到了，但是人类的塑料垃圾中不仅塑料类型很复杂，而且很少有像聚乙烯塑料袋那样对虫子非常友好的柔软轻薄类型。所以生物处理塑料垃圾的研究未来可能还有很远的路要走。

@菲利普医生

06 | 23

星期日 五月十八

数学思维在生活中有多大用处？

06 | 23

星期日　五月十八

看完《复仇者联盟 3》，我的一个朋友问了我一个问题，我当即蒙了半天：灭霸打了个响指以后，全宇宙的人口将减少一半对吧，那如果宇宙的人口总数是奇数，请问无限手套将会如何处置这最后一个人？

乖乖，原来数学思维比较强的人都这么优秀的吗？

@ 沙鸥

06 | 24

星期一 五月十九

有什么不容易被察觉的多音字?

06 | 24

星期一 五月十九

“蛤蜊”和“蛤蟆”。

@rchrdyan

06 | 25

星期二　五月二十

为什么面条煮好过凉水后更不易黏在一起

06 | 25

星期二　五月二十

面条在煮制过程中，外层淀粉比内层淀粉糊化更彻底，于是一部分外层淀粉会溶化，在面条表面形成比较稀的淀粉糊层（凝胶层）。这层淀粉糊层在刚煮好的时候是液态，一旦凉下来，黏度就会增大。当两根刚煮好的面条相遇时，彼此的淀粉糊层会融合为一体。等温度渐渐冷却下来后，淀粉糊层黏度增大，两根面条就黏在一起了！如果在热的状态下过一下冷水，大部分淀粉糊会直接溶解到冷水里被带走，剩下的面条就没有那么容易黏在一起啦。

@ 钱程

06 | 26

星期三 五月廿一

如果每门学科只能留存一句话，你的领域会留下什么？

06 | 26

星期三 五月廿一

食品：把食物包好再加热，保持密封就不会坏。在拿破仑时代，为了保证战争时食物的供应，拿破仑悬赏征集食物不变质的方法，最后发明了罐头。灭菌加密封，是所有工业包装食品发展的基础。

@ 芝麻酱

06 | 27

星期四 五月廿二

平常说的几毛钱的“毛”是怎么来的？

一种意见认为，银圆最初流入中国以及大规模流通是在香港一带，而香港人把不足 1 元的小银圆叫作“毫”，称之为一毫、二毫。于是“毫”的单位就渐渐从香港流传了过来，逐渐遍及整个广东地区。但是，这个“毫”字笔画特别多，记账很麻烦，于是在记账时，往往就把大多数笔画省略，只写了底下那个“毛”字，成了一毛、两毛。不过也有学者持另一种说法，认为是清末及民国时，各地铸币厂往往大量铸造辅币以牟利，但在铸造过程中偷工减料，辅币质量极其低劣，于是在流通过程中，这些辅币自动贬值，往往 11 角、甚至 12 角才能兑换 1 元，用老百姓的俗话说，“这钱毛了”，因此就把这种劣质辅币叫作“毛”。

@ 三种不同的红色

06 | 28

星期五　五月廿三

有哪些用国家名字命名的地方特色食物？

06 | 28

星期五　五月廿三

意大利面、土耳其烤肉（Kebab）、西班牙海鲜饭（Paella）、墨西哥卷饼（Burritos）、越南米粉（Phở）、韩国泡菜（Kimchi）、德国酸菜(Sauerkraut)、意大利饺子(Ravioli)、法国煎饼(Crêpes)、希腊羊肉卷（Gyros）、巴西烤肉、日本豆腐。

@ 王赟 Maigo

如果现代人回到古代，可以说普通话与当时的人交流吗？

06 | 29

星期六　五月廿四

06 | 29

星期六 五月廿四

如果是回明清时期，运气好的话，在北京之类的地方，人们大概率是能听懂你讲的普通话的，不过估计会觉得你的口音有些奇特。如果是回北宋，普通话估计就不太好使了，可能就要费神学学那时候的通语——难度也不会太大，注意学一学入声字的读法，注意把握好韵图三四等的区别。要是回比这还早一点的南北朝，恭喜你，你需要面对的是“东冬”不同音，“仙先”不同音，“山删”不同音，“期奇岂”不同音，“佳家”“鞋谐”不同音，“祭霁”有别，“元”和“魂”一块儿押韵的噩梦级格局，不管你是哪里人，没有特别扎实的音韵学功底的话，回到这时候就基本上只有装外国人的份儿了。

@ 百越闲人

06 | 30

星期日 五月廿五

你所在城市的地铁站都有什么奇特的名字?

06 | 30

星期日 五月廿五

“原来你是太子殿下呀！”——江西太子殿站。

“其实我是公主坟上的……”——北京公主坟站。

@Costan Lin

JULY
07
POSTES
知乎好问·甲辰「龙」

07

	一	二	三	四	五	六	日
27	1	2	3	4	5	6	7
28	8	9	10	11	12	13	14
29	15	16	17	18	19	20	21
30	22	23	24	25	26	27	28
31	29	30	31				

有什么善意的瞬间，令你印象深刻?

07 | 01

星期一 建党节

07 | 01

星期一 五月廿六

我有一次点了外卖没去拿，而是让外卖小哥放到小区门口架子上了。过了会儿我接到一个电话，对方说他也是外卖员，刚刚放外卖时，不小心把我的外卖碰倒了，他就按照外卖盒上的电话打给我，说他现在在架子旁边等我，要是外卖不能吃了他可以赔我钱。我去看了一下，是洒了些汤水，但问题不大，就跟他说不用赔偿。外卖小哥很高兴，一直在谢我。我说："没什么啦，也谢谢你愿意打电话告诉我这件事啊，要是你不打电话就走了，我也不知道还有这事。"外卖小哥听了马上说："那肯定不行，万一你误会了，投诉先前送这个外卖的人把汤洒了怎么办？"

@ 匿名用户

07 | 02

星期二　五月廿七

为什么一般的气模（如充气城堡、充气拱门、充气卡通人偶等）需要用风机不停地充气？

07|02

星期二 五月廿七

漏气是一方面，但不是主要的原因。最重要的原因是要适应环境温度的变化。充气城堡这样尺寸比较大的结构，不能用玩具气球那样的高弹材料制作，否则很容易造成一些部位鼓包。这就带来一个问题，当气体温度发生变化时，它没法像玩具气球一样显著地胀大缩小来适应变化。如果不维持压差的话，中午太阳直射时对材料会有很大的考验，即便不导致破裂，对寿命也会有明显影响；到了晚上温度下降时，整个结构又很容易因压强不足而倒塌。

@Ace Zhu

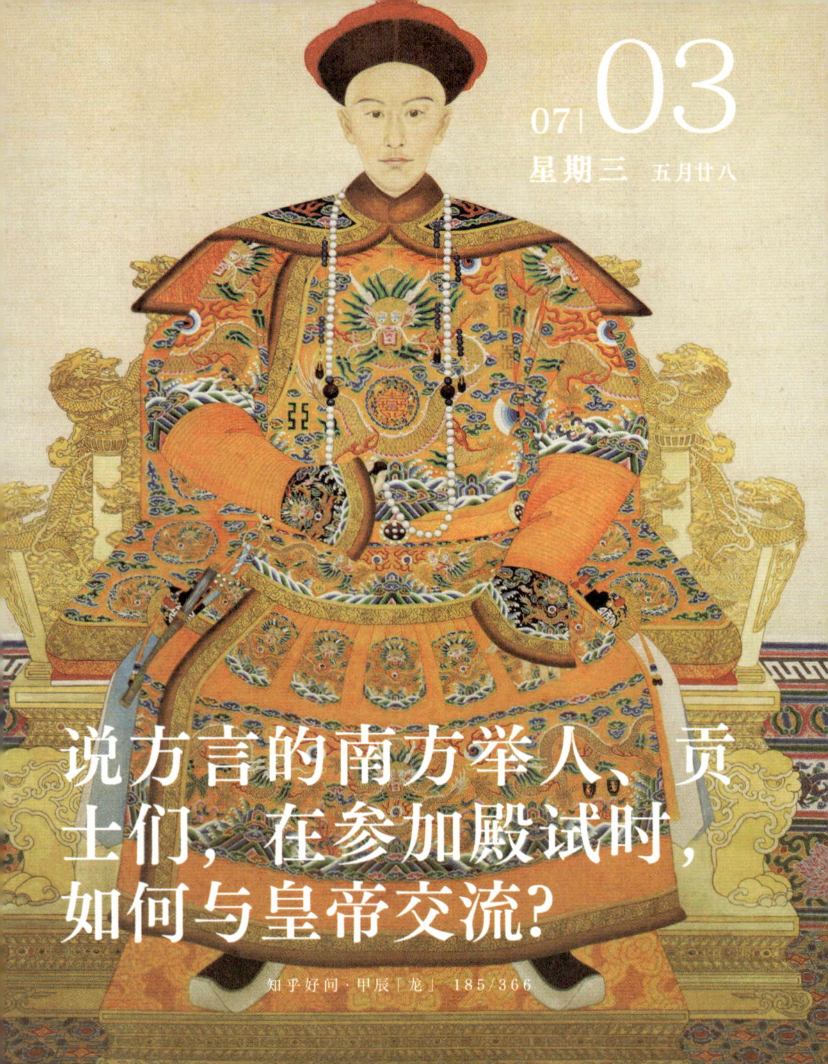
07 | 03
星期三 五月廿八
说方言的南方举人、贡士们，在参加殿试时，如何与皇帝交流？
知乎好问 · 甲辰「龙」 185/366

07 | 03

星期三 五月廿八

你们忘了康有为和梁启超了吗？梁思礼回忆父亲梁启超进京面圣，当时梁启超已经是名震一时的大学者。光绪和他讲了半天话，愣是没听懂他到底在讲什么，所以只封了梁启超一个六品的小官。康有为也是满嘴粤语，用自认为“很京城”的北京话给人讲故事，结果对方还是一句都听不懂。可见，即便有什么雅言正音，什么官话、普通话，在当时用来交流依然是很费劲的，必要的时候是需要通事（翻译人员）的。至于参加殿试，就跟参加考试一样，不需要什么特殊的技能，毕竟写的都是汉字。

@豆子

07 | 04

星期四 五月廿九

世界上所有的人有可能在一天内被逼着证明哥德巴赫猜想吗?

07 | 04

星期四 五月廿九

人被逼急了什么事都干得出来，除了解数学题。

@ 林嘉遥

大象小的时候叫小象还是叫小大象？

07 | 05

星期五 五月三十

07|05

星期五　五月三十

亚洲象幼崽、非洲象幼崽、森林象幼崽……

@德斯汀 · 罗亚

07 | 06

星期六 六月初一

小暑

07|06

星期六　小暑

人在饿死的瞬间之前吃东西，能活下来吗？

07 | 07

星期日　六月初二

人在“饿死的瞬间之前”吃东西是活不下来的，食物的消化吸收需要时间。现实中，野生动物研究人员解剖过一些在冬季饿死的食草动物，发现它们的胃是装满了食物的。“距离饿死还有几个小时”的人也不一定能靠吃东西活下来，他们不一定有力气将东西吃下去，他们的身体可能因处于电解质平衡严重紊乱、器官功能不全的状态而无法从随便什么食物里获得好处，他们还可能在吞咽时因食物跑进气管而被噎死。

@ 赵冷

07 | 08

星期一　六月初三

假如地球突然停止自转，待在哪里是最安全的？

07 | 08

星期一 六月初三

地球平均的自转角速度大约是 15°/小时，赤道上的自转线速度是 466 米/秒，如果地球突然停止自转，那么地球表面的人会发出“啪”的一声音爆，然后突破声速，延切线飞出去。不过，随着纬度的增加，线速度会逐渐降低，到了南北极两个点，线速度为 0。所以当地球突然停止自转，为了避免被惯性甩出去，站在极点是最安全的。

@进击的小狐狸

07|09

星期二 六月初四

炖肉、煮汤的时候，用大火还是小火？

07 | 09

星期二 六月初四

大火吃肉：大火可以使肉表面的蛋白凝固，锁住水分和鲜味物质；炖肉时，最好先用大火使外层蛋白凝固以后再转小火，因为持续的高温也会让肉纤维过度收缩，把汁水都挤出来。

小火喝汤：小火（75 ～ 85℃）可以促进鲜味物质慢慢析到汤里，平衡鲜味和风味，让汤更好喝；但如果希望去除生味、腥味，增加醇厚口感、煮出白汤，可以在煮汤时开一小段时间的大火，让汤保持沸腾。

@ 开尔文

07 | 10

星期三　六月初五

为什么企鹅能一口吞下整条鱼而不会被骨头卡住？

07 | 10

星期三 六月初五

在企鹅用来消化鱼类骨头的器官中，最重要的是腺胃和肌胃。腺胃主要用来分泌胃蛋白酶和盐酸，可以消化肌肉的蛋白质和矿物质。而肌胃之所以叫肌胃，就是因为它肌肉很强大，它由两对厚而坚实的肌肉组成，呈暗红色，内有黄色的角质膜。肌胃虽然不会分泌消化液，但是会装有平时吃下去的砂石，在强有力的胃壁收缩的时候，会把鱼骨头、肉块一起研磨，通过机械力碾碎硬骨头。

@ 苏澄宇

07 | 11

星期四　六月初六

宇宙中有什么是无限的？

07 | 11

星期四 六月初六

猫掉的毛。

@ 孤独的球头人牛长

07 | 12

星期五　六月初七

如果地球上所有动物变成同样重量，哪种动物打架最厉害？

07 | 12

星期五 六月初七

这取决于何种的“同样重量”。蚂蚁放大到老虎那么大会立马失去战斗能力，没有髓鞘的神经传导速度会无比慢，还有外骨骼巨大的重量配上细弱的六条腿，甚至站立起来都是奢望；更致命的是过简的呼吸循环系统，根本无法有效给组织供氧。老虎缩小到蚂蚁大小也一样玩儿完，增大的比表面积会导致其难以维持体温，很快失温休克；爪子、牙齿尺寸太小远不足以形成战斗力。更较真儿一点的话，大部分生物器官等比例缩放后都会失去功能，“最厉害”的，一定是身量没被你“改装”的。

@Ace Zhu

07 | 13

星期六 六月初八

酒是谁发明的？

07 | 13

星期六　六月初八

根据酿酒的原理，最早的酒要么是蜜蜂发现的，要么是水果自然发酵成甜酒之后被人类发现的，人类偶尔喝得熏熏然，以为能和神明沟通，就开始追求人工酿酒的法门。在距离现在 9000 年前的那个时代，浙江上山的古人已经将野生的稻米驯化为种植稻米，开始了农业生产。考古学家分析了上山文化桥头遗址出土的陶器残留物，发现当时的古人已经掌握了酿酒技术，主要原料是稻米、薏苡和其他的块茎作物。这是世界上已知最早的酿酒证据，自此，中国酒文化的序幕拉开了。

@ 螺旋真理

07 | 14

星期日 六月初九

既然大脑可以编织梦境，那么大脑可以修改记忆吗？

07 | 14

星期日 六月初九

可以。人在回忆过去时经常出现错漏，会结合其他记忆和想象力来编造连贯的身份和让人感觉良好的自我意识。人会用富有想象力的元素来美化自己的记忆，会省略自己不愿详述的细节。老年人受此现象影响的时间比年轻人更长、歪曲的记忆更多。以上“玫瑰色记忆”现象可以减少回忆时的痛苦，维持或增加人的自尊、自信程度，减弱或抵消孤独和无聊，有助于减少焦虑和抑郁，并帮助人们自我反思、改善决策、情绪调节等等。

@ 赵泠

07 | 15

星期一 六月初十

“三伏天”是什么？

07 | 15

星期一 六月初十

“小暑大暑紧相连，气温升高热炎炎”。每年小暑和处暑节气之间，会出现一年中最热的时段——“三伏天”。“伏”是指阴气受阳气压制，藏伏在地下出不来，这个时间段里气温高，风速低，湿度大，人会感觉酷热难耐，正是“热在三伏”的时候。

@ 市井觅食记

07 | 16

星期二　六月十一

为什么蜂蜜永远不会变质?

07 | 16

星期二 六月十一

因为细菌无法在蜂蜜内生存，蜂蜜内含有大量糖分，超高的渗透压可以直接消灭大部分细菌，剩下的只有快速沉睡才能活，而且是以沉睡状态活下去。举个例子，腌制品保质期长就是因为含有大量盐分导致渗透压高，渗透压消灭 99% 附着的细菌，剩下的一丁点儿也迫于恶劣环境主动沉睡了。

@Fly 奉孝先

07|17

星期三 六月十二

为什么饥饿时会“眼花”？

知乎好问 · 甲辰「龙」 199/366

07 | 17

星期三　六月十二

长期饥饿到头晕眼花，这个现象背后有个很有趣的神经机制。简单来说，视觉皮层神经元会在长期饥饿时降低耗能，但降低耗能的一个副作用就是对视觉刺激的辨别能力下降。饿到视线模糊时，对视觉的影响应该是多方面的，这可能是其中一个。

@Mon1st

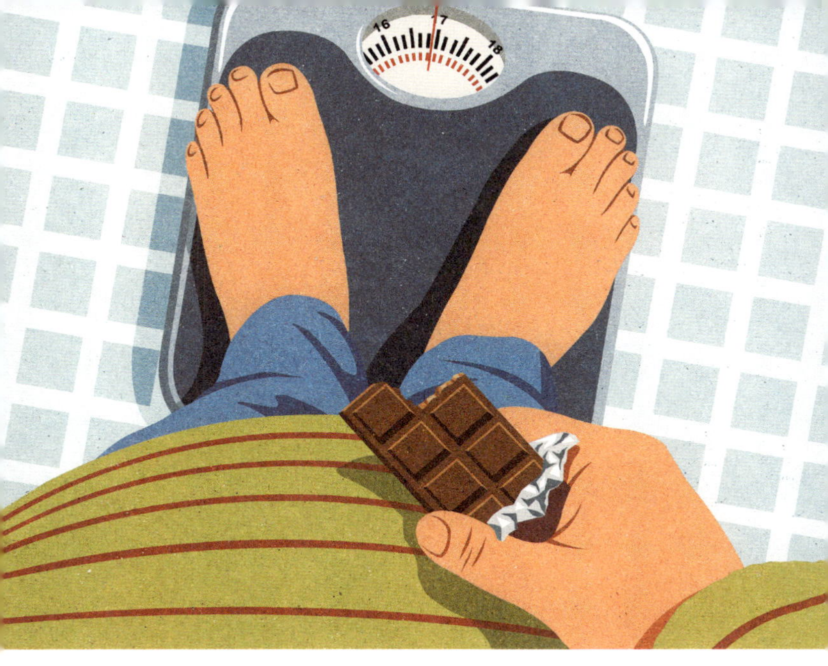

07 | 18

星期四　六月十三

是逃避痛苦的力量大，还是追求快乐的力量大？

07 | 18

星期四 六月十三

对大部分人来说，逃避痛苦的心理动力远大于追求快乐的心理动力。大多数人对损失和获得的敏感程度不对等，面对损失的痛苦感要远大过面对获得的快乐感（即白捡 100 元所带来的快乐，难以抵消丢失 100 元所带来的痛苦），这被称为“损失规避”。心理学家认为，损失规避是自然选择的结果。在远古时代，原始人类的首要目标是保证种族的延续，而在危机四伏且缺乏医疗手段的年代，不轻易冒险（冒险就意味着受伤的可能性增加）当然是最优的选择。

@ 杨钒

你的生活里发生过什么“细思恐极”的事情?

07 | 19

星期五　六月十四

我钱包里的钱呢?

@ 李先生

07 | 20

星期六　六月十五

文言文为什么简洁？

07 | 20

星期六 六月十五

文言文之所以简洁，一是得益于古代文言汉语中极少有双字词，并且有很多字可以表示相对复杂的概念；二是文言文可以大量省略主语、介词等，只将最核心的意思表达出来；三是文言文写作本身就是需要大量学习才能掌握的技能，写作者的水平相对高一些。

@Zpuzzle

读了很多书，现在依旧平庸。那为什么还要叫孩子多读书?

07 | 21

星期日 六月十六

07 | 21

星期日 六月十六

能意识到自己的平庸，本身就是读书的价值。

@ 半佛仙人

07 | 22

星期一 六月十七

07 | 22

星期一　大暑

07 | 23

星期二　六月十八

“安慰剂效应”有什么巧妙的用途？

07 | 23

星期二 六月十八

小时候很害怕打针，村里医院一个退休的老医生每次打针都说：“丫头别怕，你看我在里面加了无痛水，打针就不痛了！”所以小时候每次打针都会提醒他别忘了给我加无痛水。他说：“噢，忘不了！”因此每次打针就很安心。回想起这个问题是在大学毕业后听说他去世，我还在想他的无痛水到底是什么，才恍然大悟，这世上哪有什么无痛水啊！那是老者给孩子们的安慰剂啊……

@黑土

07 | 24

星期三　六月十九

金也是货币，为什么不叫“金行”，而都叫“银行”？

07 | 24

星期三 六月十九

其实用“金”“银”二字作为金融机构名称构成的只有使用汉字的国家，英语或其他语言里表示金融机构的词，如 bank、banco 跟金或银这些货币名称是没有关系的。在中文、日文中，汉字都是“银”行，“银”字是从银庄过来的，而在出现银庄的年代，中国的通用货币是银子而不是金子。

@mudbear

07 | 25

星期四 六月二十

哲学家能说一个能震撼到我的东西吗?

07 | 25

星期四 六月二十

你无法震撼到一只蚂蚁。

@匿名用户

07 | 26

星期五　六月廿一

为什么宇航员的衣服总是白色的?

07 | 26

星期五 六月廿一

这是宇航服最外层防磨材料本色，就像早期不粘锅多是黑色的一样。舱外航天服的面料是由很多层材料叠加在一起组成的。其中反射宇宙射线、太阳光和绝热的功能，主要是靠镀铝卡普顿（Kapton）和镀铝聚酯薄膜这两层材料共同实现的。从名字上就能看出来，因为它们是镀铝材料，所以都是反射（还有绝热）性很强的银色。但这两层材料只是从外向内数的第二层和第三层（共 8 层），而覆盖在最外面的，也是平时在公众视线中出现的，是一层用于防火的涂了聚四氟乙烯的 β 玻璃纤维织物（它在纯氧中也几乎不可燃）。聚四氟乙烯本身是白色的，薄涂的话可透出底下玻璃布的颜色。玻璃布，就是 β 玻璃纤维织物，有绝热、耐腐蚀、耐高温的特性，它的本色就是偏黄的米白色。

@ 太空僧

同样是光，为什么太阳光晒一会儿就热，灯光照一天都不热？

07 | 27

星期六　六月廿二

07 | 27

星期六 六月廿二

两者的光通量和光谱（强度 / 频率分布）都不一样，太阳光的光通量远大于室内照明灯。太阳光中红外波段的能量也不小，红外波段有明显的热效应；而日常室内照明的白光 LED 灯泡，红外波段的强度极弱，自然没有明显的热效应。如果被传统白炽灯近距离照射，热感还是很明显的；如果被浴霸的灯泡照射，不用一会儿就会感觉非常热。

@ 卷阿

07 | 28

星期日 六月廿三

有哪些没个十斤脑洞都想不出来的发明？

07 | 28

星期日 六月廿三

要翻页的完形填空。

@Salad Day

单边透视（仅有一侧透明的玻璃）的原理是什么？

07 | 29

星期一　六月廿四

07 | 29

星期一　六月廿四

单向玻璃经常用在汽车后座车窗玻璃、嫌犯审讯室等位置上。它的原理是在玻璃一侧镀上一层薄金属膜。这层金属膜既可以透射一部分光，也能反射一部分光。通过控制膜层的厚度，可以使反射的光比透射的光更多（一般反射是透射的 2 倍），来达到单边透视的效果。环境内外的亮度差越大，效果越好。所以电影里，审嫌犯的屋子都开着亮灯，高级警察或证人都站在玻璃暗侧观察。

@ 橘子

07 | 30

星期二　六月廿五

所有饮料都是冰了更好喝吗？“冰”为什么能带来口感提升？

07 | 30

星期二　六月廿五

是的，原因有两个：

1. 温度会改变大脑对饮料的感知，人类研究表明，饮料冰镇后确实会更加解渴；

2. 温度会改变饮料本身的特性，主要是影响甜味。

但是，与大多数人想象中不同，如果饮料中加的是蔗糖，温度降低反而会降低甜味！

那么冰镇后甜度反而上升的糖有没有呢？有！那就是果糖。这也是为什么西瓜冰镇了更好吃，以及为什么饮料中要加那么多果糖……

总之，饮料冰镇了之后，更加解渴，如果加了果糖，冰后会更甜；但是，如果你要减肥，同时又爱喝加糖的奶茶和咖啡，那么你最好喝热的，因为冰奶茶和冰咖啡会降低蔗糖的甜度，导致你可能会不小心吃下比预期更多的糖。

@ 耗子领袖

舌头是最强韧有力的肌肉，为什么人类不进化出用舌头打架？

07 | 31

星期三　六月廿六

07 | 31

星期三 六月廿六

人类舌头就是天生的攻击性器官，但并不是最强韧有力的肌肉。人类舌头肌肉纤维的纵横分布构造，导致它注定无法产生统一的强劲力量，它的优势反而在于灵活性以及耐久性。除此之外，人类舌头中存在更高比例的慢肌纤维，在猕猴舌头中这一比例为 28%，而人类新生儿的就达到了 32%，成年人的更是多达 54%。这种比快速纤维略胜一筹的比例，也决定了舌头虽然也有一定快速、强力的运动能力，但更擅长持久的精细运动。

@ 瞻云

AUGUST
08
知乎好问·甲辰「龙」

08

	一	二	三	四	五	六	日
31				1	2	3	4
32	5	6	7	8	9	10	11
33	12	13	14	15	16	17	18
34	19	20	21	22	23	24	25
35	26	27	28	29	30	31	

08 | 01

星期四 建军节

你读过的最震撼的诗句是什么？

08 | 01

星期四 六月廿七

七律·人民解放军占领南京

毛泽东

钟山风雨起苍黄，百万雄师过大江。
虎踞龙盘今胜昔，天翻地覆慨而慷。
宜将剩勇追穷寇，不可沽名学霸王。
天若有情天亦老，人间正道是沧桑。

@Mackenzie Zan

08 | 02

星期五 六月廿八

为什么早期人类要把文字刻在甲骨上？

08 | 02

星期五 六月廿八

甲骨文是商代使用的占卜文字。在商代，国之大事都要咨询“神灵”的意见。方法就是取动物的大片骨骼（其中最多的是龟的背甲和牛的肩胛骨），先把甲骨修整规则，然后把需要占卜的问题、占卜的时间、占卜师的名字刻到甲骨正面。再在背面钻凿小孔，钻到将透未透之际，用烧红的炭火灼烤小孔，甲骨的正面就会因受热不均而裂开纹路。然后占卜师要根据纹路做出判断，把判断意见和后续发展刻在甲骨正面。这些刻在甲骨上的字，就是甲骨文。因为文字的载体——甲骨比较耐久，加上保存环境尚可，所以我们有幸在3000多年以后还能见到甲骨文。

@螺旋真理

08 | 03

星期六 六月廿九

海绵会不会感染细菌、病毒？

08|03

星期六 六月廿九

毕竟连细菌都会感染病毒（噬菌体）……海绵好歹也是多孔动物门的一种动物吧，人家也是要面子的。其实海绵是会感染细菌、病毒、真菌等的，但它身上存在的微生物也形成了一道屏障在抵抗外来感染；这个微型生态系统的平衡被打破时，海绵就更容易感染，而稳定时，海绵就不容易感染。

@小飛

08 | 04

星期日 七月初一

怎样才能让眼镜度数不再加深?

08 | 04

星期日 七月初一

让眼镜度数不再加深没有一个准确的方法，因为没有一种方法可以保证让度数不再改变。首先，平时需要多注意眼部放松，现在的工作、学习都是看近处比较多，电子产品使用量比较大，平时看近处时间长的一定要注意眼部休息，看近处20分钟就往6米外的远处看，休息20秒。另外，平时一定要注意用眼姿势，不要躺着和歪着看电子产品，更不要关灯去看，那样对眼睛伤害会比较大，严重的话还会导致眼底的变化。从生活中任何一个小细节开始改变，让我们的眼睛得到休息。

@验光师小崔

08 | 05

星期一 七月初二

钢琴大师演奏很长的曲子时真的不会出错吗?

08 | 05

星期一 七月初二

演奏失误，别说对初出茅庐的学生，即使对职业演奏家甚至音乐大师来说，也是非常常见的事。

俗话说：台上一分钟，台下十年功。我们都知道，演奏家的一次表演，蕴含了台下很多常人无法体会的辛苦。但人非机器，更不是天衣无缝的程序，我们的大脑会受到各种因素的影响，不可能每一次的演出都做到完美无瑕。

@周雨思 - 音乐审美

08 | 06

星期二　七月初三

你见过哪些令人尴尬的名字？

08 | 06

星期二　七月初三

1945 年，著名漫画家廖冰兄在重庆展出漫画《猫国春秋》。当时在渝的许多文化名人，如郭沫若等应邀前往，参加首展剪彩仪式。席间，郭沫若问廖冰兄：“你的名字为什么这么古怪，自称为兄？”版画家王琦代为解释说：“他妹妹名冰，所以他名叫冰兄。”郭沫若听后，哈哈大笑，说：“噢，我明白了。照此推理，邵力子的父亲一定叫邵力，郁达夫的妻子一定叫郁达。”其实廖冰兄是笔名，他的原名是东生。小的时候因为家境困难，家里把 6 岁的妹妹廖冰抵押给了别人，后来为了表达对妹妹的感情，廖东生给自己起了个笔名叫“廖冰兄”。他还有一个同父异母的弟弟叫余光仪。

@ 螺旋真理

08
07
星期三 七月初四
立秋
辰「龙」 220/366

08|07

星期三 立秋

08|08

星期四　七月初五

成年人能打过扬子鳄吗？

08 | 08

星期四 七月初五

对擂体长不足 1 米的亚成体扬子鳄，成年人以命相搏的话赢面不小。如果对面是体长 1.5 米、小百斤重的成年扬子鳄，能从背后压制它并且控制住吻部（嘴巴），也有机会赢。但一个滑铲秒杀老虎的道理大家都懂，实战总有失手的时候。就算赢面很大，又何必呢？打赢坐牢，打输住院。伤害国家一级保护动物，那可太“刑”了。不会真有人期待进监狱时，狱友问你是怎么进来的吧?

@ 云杉

08 | 09

星期五 七月初六

狗狗可以看出主人的不开心吗?

08 | 09

星期五 七月初六

可以！有科学家做了一个实验，他们采集了在不同压力水平下的汗液样本，然后把汗液给 4 只训练过的狗闻。假如你不开心、焦虑、害怕，你的身体就会释放和压力相关的激素，皮质醇和肾上腺素进入你的血液，汗液里自然也会有“压力的味道”。狗闻到了压力的味道，就会出现警惕的行为，比如发出困扰的叫声或者咬实验装置。在 93.75% 的实验中，实验狗出现了警惕的行为。也就是说，狗可以分辨出有压力的汗液气味，可以分辨出主人的不开心。

@ 苏澄宇

08 | 10

星期六 七夕

七夕跟乞巧节有区别吗？

08 | 10

星期六 七月初七

乞巧节就是七夕。这个节的主角是织女，织布的，手巧。中国古代是男耕女织的传统社会，姑娘们为了嫁个好人家，有好的生活，就在这个节祈福，祈求织女（或者上天）赐她们一双灵巧的手，能够织出更好的布。七夕起初并非爱情节日。原来的七夕近似于宗教节日，它的日期是农历七月初七，中国古人一直认为七这个数有神奇的魔力，双七相叠或能“通神”，所以需要祭祀。后来随着很多节日的诞生，祭祀这类严肃性活动被安排到了其他节日，七夕担负的功能就越来越清新（比如乞巧），直至最后被改造成爱情节日。

@匿名用户

为什么空调的26℃比室外的26℃更凉快?

08 | 11

星期日 七月初八

08 | 11

星期日 七月初八

很多人以为，空调设定 26℃，空调里吹出来的风就是 26℃。如果拿个温度计到空调出风口量一下，你会发现出风口温度远低于 26℃。实际上，出风口的温度并非空调的控制对象，空调控制的是回风的温度，也就是空调进风口的温度。

@ 张 yz

08 | 12

星期一　七月初九

人类到了四维空间会怎么样?

08 | 12

星期一 七月初九

人类会死亡！人会在四维空间中崩溃。我们的身体，我们的存在，在四维空间中是不连贯的。从本质上讲，一个人会被撕裂，从一个原子到另一个原子。人类进入四维空间，几乎会瞬间毙命。

@Serendipity

08 | 13

星期二　七月初十

为什么人越长大越难心动?

08 | 13

星期二 七月初十

用专业一点的话来说，是丰富的人生经历，提高了人的心理阈值。

用通俗一点的话来说，是小时候没见过世面，长大见得多了，内心更难起波澜。

用文艺一点的话来说，是“少年不识愁滋味，爱上层楼。爱上层楼，为赋新词强说愁。而今识尽愁滋味，欲说还休。欲说还休，却道天凉好个秋。”

@ 无良 HR

08 | 14

星期三 七月十一

有哪些话你一开始不信，后来却深信不疑？

08 | 14

星期三 七月十一

很多年不联系但依然想念的人是存在的。

@沿宁

08 | 15

星期四　七月十二

动物没有手指，拿什么抠鼻屎？

08| 15

星期四 七月十二

狗狗、长颈鹿等动物没有手指可以用来抠鼻屎，但是它们的鼻孔是向上的，它们觉得鼻子塞的时候，会通过呼气的方式将其喷出。但有时候鼻屎实在堵得慌，就只能用别的办法了，比如长颈鹿会用长长的舌头来抠鼻屎；狗也会尝试着用舌头来舔舐自己的鼻子，虽然舌头很难进去。

@ 苏澄宇

08 | 16

星期五 七月十三

长期用耳塞听歌会导致听力下降吗？

08 | 16

星期五 七月十三

会。使用耳机会损害听力主要有两点原因：

1. 连续使用太长时间；

2. 音量有意识或无意识调太高。

在嘈杂环境中为了听清耳机里的声音会提高音量盖过噪声；听音环境嘈杂，耳机音量加大，造成听力下降；听力下降后，听不清，再加大音量，恶性循环。

长期高音量会损伤耳蜗内的毛细胞，使之掉落坏死。毛细胞是无法再生的（以目前技术尚未普及再生），形成听力的过程中如果毛细胞这一环断裂，信号无法传递至听觉中枢，听力就不会形成。虽然一开始不会明显察觉到听力变化，但这种损伤是渐进性的，并且常常被忽视。

@ 素懋

08 | 17

星期六 七月十四

鲸落为什么受到赞扬？

08 | 17

星期六　七月十四

鲸落是鲸类这种中大型乃至巨型哺乳动物掉落到深海海底后形成的生态系统。这里面，不仅有消费者和分解者（吃肉、吃骨头、分解脂肪……），也有不少生产者，它们是化能自养生物，比如一些硫化细菌利用鲸尸腐败过程中产生的硫化氢进行化学反应来获得能量，这些自养生物还可能再被其他消费者捕食，同时还有消费者之间的竞争和捕食关系，也就形成了复杂的食物链甚至食物网。鲸落所维持的生态系统，动辄以年记，体型可观的鲸落，仅肌肉内脏就能让各种食腐动物吃上几个月甚至更久，不同阶段加起来能维持几十年。这对各种小动物和细菌来说，可能就已经足够繁衍生息无数代了。

@ 小飛

08 | 18

星期日 七月十五

哪些脆甜可口的植物不能随便生吃？

08 | 18

星期日 七月十五

大多数水生植物的根茎、果实、膨大的肉质茎生吃都有感染布氏姜片虫的风险。所以，荸荠、菱角、茭白、芡实这些水生植物的可食用部分都不要生吃，就算是啃咬（如给荸荠去皮、撕开茭白外层叶片等）也有很大的风险。必须至少用沸水烫过再入口，才比较安全。最安全的当然还是彻底烹熟。

@菲利普医生

08 | 19

星期一 七月十六

什么词汇在中国和在外国意思完全不一样?

08 | 19

星期一 七月十六

出国读书，外国同学自我介绍，大家都会特别自然地说，我是个pianist（钢琴家）、cellist（大提琴家）、violinist（小提琴家）。原来在国外的语言环境中这个称呼仅仅是一个“职业”，并不像我们中文里理解的一样带了“家”字，就必然要有一定的标准和要求。

@周雨思 - 音乐审美

08 | 20

星期二 七月十七

如果有且仅有一次使用哆啦A梦任意门的机会，你会用它来做什么？

08 | 20

星期二 七月十七

夜深风高，把任意门指向大雄家里，跨过门，然后把正在壁橱中熟睡的哆啦 A 梦抱走带回家。

@ 楼桑

08 | 21

星期三 七月十八

有哪些“还有这种操作”的故事？

08 | 21

星期三 七月十八

前几天，闺密有事，让我帮她看一下她不到五岁的儿子，就半天时间。她怕我管不住她儿子，就和他说：“你小静阿姨有一点傻，你能不能帮妈妈保护她？”她儿子问：“怎么保护？”这个母亲说：“你就待在她办公室，坐在她旁边，不要让她离开你的视线。”他很兴奋，说：“好的，好的，好的。”

@匿名用户

08 | 22

星期四　七月十九

处暑

08 | 22

星期四 处暑

08 | 23

星期五 七月二十

你见过的最谦虚的人是怎样的?

08 | 23

星期五 七月二十

别人都说我的文章语言简洁，那是因为我认识的汉字少。

——余华

@komorebi

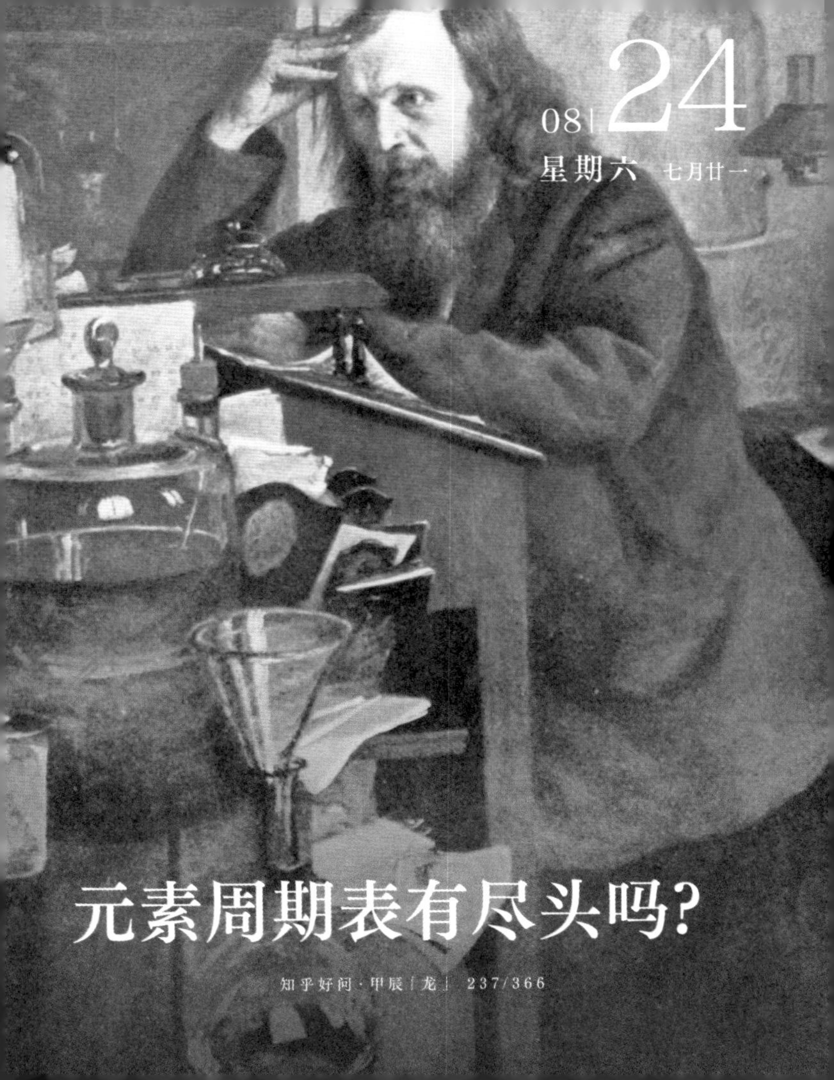

08 | 24

星期六 七月廿一

元素周期表有尽头吗?

星期六 七月廿一

简单来说，到目前为止，还没有一个最有说服力的理论能完全回答这个问题。人类发现的最高原子序数的元素就是 118 号元素“氭”。

@ 鲁超

如果《西游记》中唐僧每遇一难就收一位徒弟会怎样?

08| 25

星期日 七月廿二

08 | 25

星期日 七月廿二

第一难是金禅遭贬，贬金禅子的是他师父如来，所以……开局就把如来收了吗?

“阿弥陀佛，你这泼佛，还不把经书给为师取来。"

全剧终。

@Ace Zhu

08 | 26

星期一　七月廿三

有哪些平平无奇的两样东西结合在一起之后大放异彩的例子?

08 | 26

星期一 七月廿三

筷子。

@ 西原兔有

08 | 27

星期二　七月廿四

消费主义有哪些典型语录？

08|27

星期二　七月廿四

“你现在买一个 2000 元的包，如果能背两年，那平摊到每个月是 83 元，平摊到每天是 2.7 元，平摊到每个小时的话，就相当于白送。”那我现在的工资是每月 5000 元，平均到每小时就等于白干。

@ 墨与非

08|28

星期三 七月廿五

电影院看电影的最佳位置是哪几个?

08 | 28

星期三 七月廿五

1. IMAX，适用于观看国产大片或转制的非幻想题材的好莱坞 2D 动作片（如“速度与激情”系列）和动画片，最佳位置一般位于第七排正中间；
2. 中型尺寸银幕，适用于观看文艺片、剧情片和喜剧片（包括大量演员独白和特写镜头，如《北京遇上西雅图》《了不起的盖茨比》），最佳位置为前三排正中间；
3. 大中型银幕、中国巨幕、IMAX 等 3D 银幕，适用于主打 3D 效果的 3D 影片（如《少年派的奇幻漂流》），位置较第一种要再稍微靠前些，巨幕类为一至五排，非巨幕为一至三排；
4. IMAX3D，适用于观看《环太平洋》（或其他画面主体为同等高度的巨形物体的影片，注意不是《变形金刚》，变形金刚的个头都不够），要坐第一排！第一排的体验简直身临其境。

@為夢而生

08 | 29

星期四 七月廿六

不提雨，怎么描写雨很大？

08 | 29

星期四 七月廿六

《西游记》里应该有不少吧。比如车迟国斗法这段，去掉第一句，后面都符合：

“行者却又把铁棒望上一指。只见那：龙施号令，雨漫乾坤。势如银汉倾天堑，疾似云流过海门。楼头声滴滴，窗外响潇潇。天上银河泻，街前白浪滔。淙淙如瓮捡，滚滚似盆浇。孤庄将漫屋，野岸欲平桥。真个桑田变沧海，霎时陆岸滚波涛。神龙借此来相助，抬起长江望下浇。”

@ 张浩

08 | 30

星期五 七月廿七

有什么非常毒舌有趣的诗，令你印象深刻？

08|30

星期五 七月廿七

嘲竹

丁文江

竹似伪君子，外坚中却空。
成群能蔽日，独立不禁风。
根细成攒穴，腰柔惯鞠躬。
文人多爱此，声气想相同。

@郭荒虎

为什么寒带有很多湖？

08 | 31

星期六　七月廿八

08|31

星期六 七月廿八

寒带的气候保证了湖泊的水源要求，加上该地区历史时期冰川作用形成的地貌形态满足了湖泊形成的条件，形成了我们如今看到的寒带多湖的现象。至于南半球，寒带基本是海洋，受到西风漂流的控制，只有南美洲南端的巴塔哥尼亚高原处于寒带，同样因为末次冰期冰川的活动，高原多冰碛湖、冰蚀湖。

@萧楚

SEPTEMBER
09
知乎好问 · 甲辰「龙」

09

周	一	二	三	四	五	六	日
35							1
36	2	3	4	5	6	7	8
37	9	10	11	12	13	14	15
38	16	17	18	19	20	21	22
39	23	24	25	26	27	28	29
40	30						

有哪些食物是因为制作失误才被发明出来的?

09|01

星期日　七月廿九

09|01

星期日 七月廿九

康斯坦丁 · 法勒伯格（Constantin Fahlberg）是约翰 · 霍普金斯大学里分析煤焦油中化学成分的一位研究员。有一天，他因为实验错过了晚饭时间就回家吃了面包。饭后，他用水漱了漱口，并用餐巾纸擦干了胡子。有趣的是，餐巾纸的味道比刚刚吃的面包还要甜。然后，他发现他用过的杯子和手指都是甜的。他意识到不对劲，就光速回了实验室，把之前碰过的所有实验器材以及里面的药品和产物都舔了一遍，发现它们也都是甜的。通过他不断地研究，终于发现了甜味的来源，也就是化合物邻苯甲酰磺酰亚胺，后来给它取了个商业名字叫 Saccharin，也就是现在的糖精。

@Serendipity

09 | 02

星期一　七月三十

Wi-Fi 路由器有哪些常见的安全漏洞？怎么避免？

09 | 02

星期一 七月三十

没有设防的 Wi-Fi 路由器相当于一把插在你家门锁上的钥匙，别有用心的网络黑客可以通过 Wi-Fi 路由器窃取个人信息、植入恶意软件、篡改网络流量、发起拒绝服务攻击、控制路由器，等等。我们可以通过以下方式保护自己的网络安全：

1. 及时更新路由器固件。
2. 使用强密码：强密码应该包含大小写字母、数字和特殊字符，并且长度至少为 8 位。
3. 禁用远程管理。
4. 启用 Wi-Fi 加密。
5. 禁用不必要的服务：关闭未使用的服务，例如 UPnP、WPS 和 Telnet，可以减少路由器面临的攻击面。

@ 卡老板 Camille

09 | 03

星期二　八月初一

你有哪些终生难忘的扎心瞬间？

09|03

星期二　八月初一

一个四十多岁的外卖大叔报警说电动车丢了，十二点半发现丢了，十四点才来报警，我问他原因，他说发现的时候手里还有一份很贵的外卖没送出去。没办法，扫了辆共享单车蹬了三公里给客人送到了才来报案，自己也没吃上午饭。人生真是太苦了。

@李 Moon

09 | 04

星期三 八月初二

没看过世界名著是否丢人？

星期三 八月初二

没看过世界名著不丢人，一脸嫌弃地指责别人没看过，才是最丢人的。
空闲时间做让自己快乐的事是没有高低贵贱之分的，因此去想办法让自己快乐起来吧！

@Serendipity

09 | 05

星期四 八月初

人为什么会抬杠？

09 | 05

星期四 八月初三

1. 自我保护的需求。每个人都有自我形象维护的需求，抬杠的原因之一是为了维护自我形象——我不比你差。
2. 资源获取的需求。我们有的时候抬杠是为了获得利益。就像狮子吼叫吓走闯入者是为了确保自己所在的区域安全。
3. 宣泄的需求。语言暴力也是暴力，而暴力的宣泄能够获得跟其他本能欲望一样的快感。
4. 认知域交集较小。我们对事物的认知不仅取决于客观情景，还取决于我们如何对其进行主观构建。横看成岭侧成峰，每个人对事物的构建基础都是自己的经验和知识。

@ 卫蓝

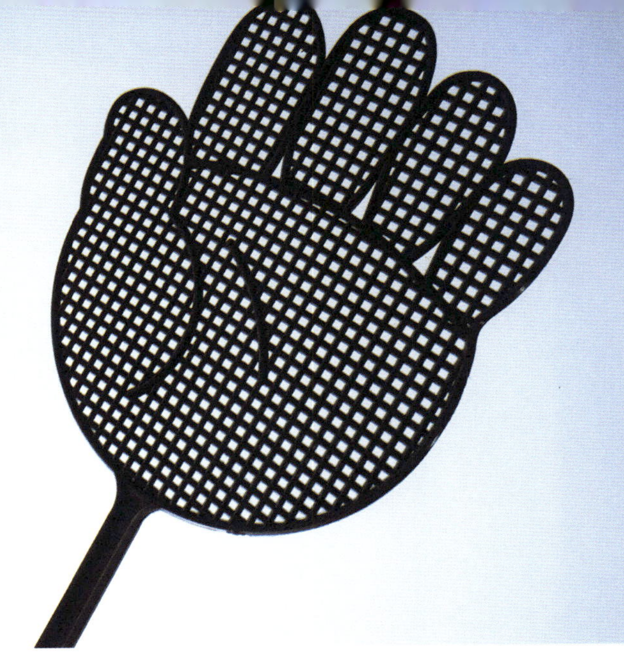

09 | 06

星期五　八月初四

为什么虐待蚊子不属于虐待动物？

09|06

星期五 八月初四

因为是它先虐待我的。

@胡桃没夹子

09 | 07

星期六 八月初五

白露

09|07

星期六 白露

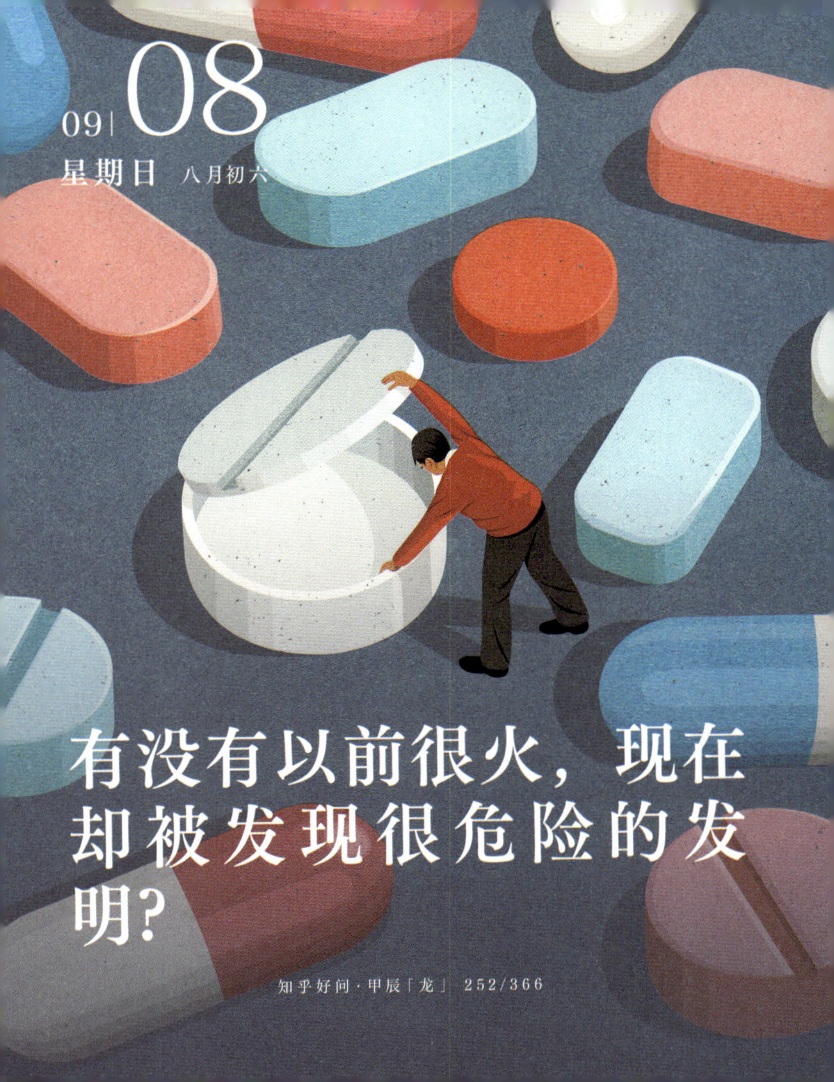

09 | 08

星期日　八月初六

有没有以前很火，现在却被发现很危险的发明？

09|08

星期日 八月初六

有，比如一些药品。药品目前的使用禁忌有：一岁以下儿童禁用磺胺类药物，因为可能会出现尿道结晶；二岁以下儿童禁用阿司匹林，因为可能会出现出血；二岁以下儿童禁用阿苯达唑，因为可能会出现神经肌肉毒性；八岁以下儿童禁用氨基糖苷类药物，因为可能会出现耳毒性、前庭神经损伤和耳廓神经损伤，严重可导致耳聋；八岁以下儿童禁用四环素类药物，因为可能会出现牙齿黄染；十二岁以下禁用尼美舒利，因为可能会导致肝脏毒性和黄疸；十八岁以下禁用氟喹诺酮类抗菌药物，因为可能会出现软骨损伤。

@冬天屋里热

09 | 09

星期一 八月初七

公鸡会嫌自己打鸣的声音太吵吗?

09 | 09

星期一 八月初七

首先，公鸡应该是能听见自己打鸣的。根据 2017 年 12 月一篇发表在《动物学》上的文章，公鸡打鸣在 1 米距离处的声音强度平均超过 100 分贝，在距离最近的公鸡头部平均可达 130 分贝，最高可达 143.8 分贝。这么响的声音，公鸡自己应该是可以听到的。但公鸡为了防止自己的叫声损伤自己的听力，生理结构上有以下应对措施：

1. 公鸡的鼓膜在张嘴时会松弛；
2. 公鸡的耳道在鸣叫时会关闭；
3. 毛细胞能快速恢复。

@ 老牛头

09 | 10

星期二 教师节

你遇到的好老师可以有多好?

09 | 10

星期二 八月初八

高一的物理老师是我遇到过的最好的老师之一。她从来不会刻意地批评我们，除非我们做得太过分。高一第二次月考是我们班考得最差的一次，全班半数的人不及格，满分 100 分的卷子，得二三十分的在成绩表上拉了一长串。那天她站在讲台前面，什么话都没有讲，我们都以为她会发火。她终于说话了，语气有些悲戚："对不起，是我教得不好，让你们没有听懂。可是，可是你们为什么每次作业都要骗我呢？"从小到大，那么多老师，我听过各种各样的咆哮，从没有听过有老师在全班同学面前讲出这样的话。她总是觉得是自己教得不好，没给我们讲明白，但从来都没有责怪我们考出差到极点的成绩。在我们这样的高中，其实每一个老师都是很好的，但没有任何一个老师会像姐姐这样对待我们糟糕的成绩。这句话我真的能记一辈子。

@ 温博衍

零食包装袋的内侧、牛奶包装盒最里面那层银色的“纸”是用来干什么的?

09 | 11

星期三　八月初九

09 | 11

星期三 八月初九

这层银色的“纸”，它的成分其实是铝钛箔，一种抑菌隔光的材质。铝钛箔用在食品包装中往往充当了保鲜核心层的角色。就是因为有了这层铝钛箔，极易变质的牛奶才能在盒装情况下大大地延长保质期。

@ 卡老板 Camille

09 | 12

星期四 八月初十

如何区别动物奶油和植物奶油？

09 | 12

星期四 八月初十

靠嘴吃。植物奶油入口之后的口感十分厚重，抿一下化不开，口腔里会产生黏腻感、残留感。我一般喜欢用“舌头打蜡”来形容吃完植物奶油的感受。当然动物奶油也不是没有厚重口感的，也会稍微在口腔里产生“味道残留”的感觉，但不至于残留很久，更不至于令人不适。记住了动物奶油是什么味，就能分辨出植物奶油，并认识到植物奶油的味道到底有多糟糕了。

@六一

中国古代画家为何不追求“画得像”？

09 | 13

星期五 八月十一

一是没那个需要，因为中国画家通常不需要特意讨好谁，不像西方画家需要大量地给教廷、宫廷作画，维护神权、皇权；二是过于写实不合口味，中国画的底子是诗，诗讲究的是韵律和意境，需要情绪与节奏的渲染，来达到对事物的深层次体会；三是绘画技巧方向不同，除了立意，写实的技巧其实也并不受中国画家欢迎，明代波臣派其实就已经是标准的写实技法了，如果有更多大画家、学生在这方面继续耕耘的话，那写实必然有更大的进步，但很不幸，中国画家圈对这种写实画并没有那么感兴趣。

@王昊诚

09 | 14

星期六　八月十二

古代贵族饭桌上，有哪些流传至今的“点心”？

09 | 14

星期六 八月十二

去泰国的时候，吃过一种当地小点心，就是各种各样拇指大小的迷你水果、蔬菜的样子，外面油光光晶莹剔透的，小摊上随处可见。吃起来糯糯甜甜的，外面有一层水晶皮，里面包的是绿豆馅，甜度正好，还有奶香奶香的椰奶香味，朋友告诉我这个叫“露楚”。这道泰国经典小点心“露楚”来头可不小。这道点心最早来自葡萄牙，是用杏仁制作的，被称为“小杏仁饼”，但因为泰国没有杏仁而改用绿豆代替。在古代，这道点心只特供给泰国国王和皇室贵族，原料是绿豆、椰奶、糖、果冻粉、水和食用色素，并一直流传至今。

@卫小妖 GOGOGO

有哪些在专业领域内已达成共识，但大众还停留在旧有认识的现象？

09 | 15

星期日　八月十三

09|15

星期日　八月十三

绝大部分国内影视剧，在拍摄涉及金钱相关的剧情时，都没有处理好一个细节。那就是人民币其实是非常重的，绑架案赎金 1000 万元只装一个行李箱是不可能的。其实，大约要四个行李箱才放得下 1000 万元，这还是在把人民币按每 10 万元一捆扎得非常紧的情况下！

@ 来自中土的王三岁

09 | 16

星期一 八月十四

可乐热量那么高，为什么喝可乐却喝不饱？

09 | 16

星期一 八月十四

因为可乐的热量，其实并不算高。一罐可乐 540 千焦，人体基础代谢大约是 100 瓦，折合一分钟消耗 6 千焦，一小时消耗 360 千焦。这么算来一罐可乐能维持人体基础代谢 1.5 小时，仅仅只占一天的 1/16，很明显可乐不可能管饱。当然如果你能一口气喝个几罐，还是能管饱的，不过饥饿状态下的胃可能受不了。人在重度饥饿状态下，胃酸 pH 值可低至 1，而碳酸饮料本身就是酸性的。喝下可乐的瞬间，胃黏膜表面的保护层被“爆炸”的气泡冲击，导致所有黏膜细胞都在高度酸浪中“瑟瑟发抖”。

@ 瞻云

09 | 17

星期二 中秋节

为什么医生建议食用月饼一天别超过 100 克?

09 | 17

星期二 八月十五

月饼的问题主要有三点：一是添加糖含量偏高；二是脂肪含量偏高；三是热量偏高。对一般人群而言，如果每天食用 100 克月饼，那就意味着你得考虑把主餐当中的碳水和脂肪减掉，只能摄入一些蛋白质、纤维素和维生素。如果主餐正常吃，把月饼当作零食加餐的话，恐怕碳水和脂肪就容易超标了。而对减肥人群而言，月饼中的添加糖和脂肪更可谓大敌。

@ 米调炫枫

09|18

星期三 八月十六

有哪些总被误以为是植物的动物?

09 | 18

星期三 八月十六

海绵。海绵属于多孔动物门。底栖于海洋的海绵在丰富度和多样性方面都可以与珊瑚礁相媲美。同时，海绵在生态系统服务方面也有重要作用，它可以过滤海水，为大量无脊椎动物和微生物提供栖息地。在海绵这座美轮美奂的房子里，住着各种小型节肢动物。在这里它们可以躲避捕食者的威胁，同时海绵的“一呼一吸”带来了富含有机质的海水，还能带走它们的排泄物。

@ 云子若点漆

如果龙真的存在，会不会有吃龙肉的，又会不会有爱龙人士？

09 | 19

星期四　八月十七

09 | 19

星期四 八月十七

帝孔甲立，好方鬼神，事淫乱。夏后氏德衰，诸侯畔之。天降龙二，有雌雄，孔甲不能食，未得豢龙氏。陶唐既衰，其后有刘累，学扰龙于豢龙氏，以事孔甲。孔甲赐之姓曰御龙氏，受豕韦之后。龙一雌死，以食夏后。夏后使求，惧而迁去。——《史记·夏本纪》

简单翻译一下就是：夏朝时期有个国王叫孔甲。他在位时天降两条龙，一公一母。孔甲不会养，也没找到会养龙的部族——豢龙氏。当时有个人叫刘累，向豢龙氏学习了驯龙技能，就来为孔甲养龙。后来那条雌龙死了，刘累就把龙做成了肉羹献给孔甲。孔甲吃了后觉得味道很好，还想要更多，但是刘累做不出来了，就逃跑了。爱龙人士大家都很熟悉，叶公呀……这要是真有龙，嚯！

@ 螺旋真理

09 | 20

星期五 八月十八

古代进行“肉搏战”时如何区分敌我？

09 | 20

星期五　八月十八

在古代的“肉搏战”中，人们为了区分敌我双方，通常会采用一些特定的标志和装备。首先，双方往往会穿着不同颜色或者不同款式的服装，以便在混乱的战场上快速识别。例如，在古希腊时期，斯巴达士兵身穿红色外袍，头戴铜质头盔，而雅典士兵则是青色外袍和铁质头盔。其次，双方在战场上也会展示各自的旗帜、盾牌、武器等标识。这些标识通常都有特定的图案、颜色和纹饰，能够让双方迅速辨认。此外，一些军队还会在士兵的盔甲或者武器上刻上字母、数字、符号等，便于指挥官指挥和管理。总体来说，在古代世界进行“肉搏战”时，敌我双方之间的区分主要通过服装、旗帜、盾牌和武器等方面的标识来完成。

@石头山里的

09 | 21

星期六 八月十九

除螨吸尘器真的有用吗?

09|21

星期六 八月十九

1. 除螨仪只能局部除螨，实际效果可能不如一些优秀的吸尘器；
2. 彻底除螨需要吸尘器、高温烘干一体机、冰箱、空气净化器、除湿机和空调这些设备协同作战；
3. 如果不对螨虫过敏，无须刻意除螨，就像不对牛奶过敏的人，天天喝奶又有何妨。

@糖醋小新

09 | 22

星期日　八月二十

秋分

09 | 22

星期日 秋分

09 | 23

星期一 八月廿一

为什么现在打针都在胳膊上，屁股针很少了？

09 | 23

星期一 八月廿一

打胳膊和打屁股是前者取代后者吗？不是。这是两种给药方式，前者是皮下注射，后者是肌肉注射，两者用途完全不同，不是互相替代的关系。——虽然胳膊的三角肌也可以用于肌肉注射，但现在已经基本被淘汰，现代肌注绝大部分是打屁股。你现在看到的打胳膊，基本为皮下注射。此外绝大部分能用肌注给药的药物都可以静滴，很少有静滴不能解决的肌注药物。过去由于肌注只需要针筒，也不需要占用座椅，打完就可以走，因此成本比需要大瓶溶媒、输液器和输液厅的输液低。而由于经济的发展，这些成本逐渐被忽略，也就有了更多的“打胳膊”（皮下注射）。

@忘忧玲

09 | 24

星期二　八月廿二

地球自转速度有每秒 466 米之快，为什么在太空看地球却感觉转得很慢？

09 | 24

星期二 八月廿二

每秒钟自转多少米都无关紧要。地球以每秒 466 米、合每小时 1677.4 千米的线速度旋转，但它的周长为 40075 千米。这意味着它需要花约 24 小时来旋转一周（360 度），即它旋转的角速度是每小时 15 度或每分钟 0.25 度。因此不管我们谈论的是巨大的地球还是小小的乒乓球，每分钟旋转 0.25 度就是每分钟旋转 0.25 度。你在自己面前放一个乒乓球让它以每分钟 0.25 度的速度旋转，这就是地球的角速度。它就是这么慢，需要一整天才能转一圈！

@ 卜仆

孙悟空改了生死簿，“阎王”为什么不改回去？

09 | 25

星期三　八月廿三

09 | 25

星期三　八月廿三

那是不想改吗？那是打不过呀！你想想，如果你是“阎王”，你改不改？图啥？就图孙悟空死了，被“牛头马面”牵到地府，再打你一遍？

@ 陈磊

09 | 26

星期四 八月廿四

你听信过最久的谣言是什么？

09 | 26

星期四 八月廿四

鹰的重生，谣言是这么说的：老鹰是寿命最长的鸟，当它活到40岁时，喙、爪子、羽毛都已经老化，这时它必须飞到悬崖上，用岩石把喙敲掉，让新的喙长出来；把指甲拔掉，让新的爪子长出来。5个月以后才可以重新飞翔。这样它可以再活30年。

实际上：自然条件下鹰根本活不到40岁，而且鸟类新陈代谢很快，几个月不吃东西肯定饿死了。

@高宏毅

09 | 27

星期五 八月廿五

你听过哪些忍俊不禁的对话?

09 | 27

星期五 八月廿五

实习小护士一枚。有一次，一个小朋友来打针，他很怕，一直闹个不停。他妈妈为了分散他的注意力，就问他：“你知道护士姐姐为什么都戴口罩吗？”小朋友弱弱地说：“怕我以后寻仇吗？”

@ 小馍馍 HH

09 | 28

星期六 八月廿六

什么化学知识让你至今印象深刻？

09 | 28

星期六　八月廿六

高中化学老师讲的，他那时候家里装修去市场上买水龙头（打算买黄铜的），和店家的对话：

店家：您看看我这货，纯铜的水龙头，您摸摸，很硬的。

我化学老师：纯铜是软的。

店家（一脸疑惑）：您放心这个肯定是纯铜的，看这黄色多正，没有杂质。

我化学老师：纯铜是紫红色的。黄色是加了锌的。

店家（一脸疑惑）……

@迅哥之猹

手电筒发出的光，去了哪里？是一灭就消失了，还是像一列开出的火车，开向了宇宙深处？

09 | 29

星期日　八月廿七

09 | 29

星期日　八月廿七

只要光源足够亮，发散角足够小，它就有能力在宇宙中行走很长的距离。即使突然熄灭光源，之前发出去的光本身也不会立刻消失。当年阿波罗计划在月球表面放置的镜子，就是为了反射激光来测量地月距离的。一束脉冲激光打出去，要等待约 2.5 秒才能收到回音。可以想象，如果故意让激光不打中月球，而是向太空射去，那么它肯定能够前进更久，直到变得过于黯淡。

@Luyao Zou

09 | 30

星期一 八月廿八

你在电影院遇到过什么奇葩的事情?

09 | 30

星期一 八月廿八

我做梦都忘不了很多年前在西安万达看《丁丁历险记》，看到快结束的时候电影院竟然停电了！这还没完，接着有个工作人员拿着手电筒进来，大声口述了结局！

@布拉德皮蛋

OCTOBER

10

知乎好问·甲辰「龙」

10

	一	二	三	四	五	六	日
40		1	2	3	4	5	6
41	7	8	9	10	11	12	13
42	14	15	16	17	18	19	20
43	21	22	23	24	25	26	27
44	28	29	30	31			

为什么洗澡的时候会感觉自己唱歌格外好听?

10 | 01

星期二 国庆节

10 | 01

星期二　八月廿九

答案其实不在我们身上，而与我们洗澡所在的、四周通常都贴满瓷砖的浴室有关。它大概在三个方面对我们的声音进行了编辑修饰：音量、混响和低音增益。

1. 音量。浴室地板、四周墙壁都贴满了防水的瓷砖，瓷砖的表面对声波来说几乎是完全刚性的，声波在这个空间里来回被反射，直到被空气完全吸收。这些反射波的存在，让声音的强度（音量）变大，从而使我们的声音听起来更有力量。

2. 混响。混响是室内声源停止发声后仍然存在的声延续现象。混响让我们的声音听起来会更加丰富和饱满，而不像在普通房间里那么“干”，并且可以帮助调整音准。

3. 低音增益。根据声学的基本理论，这个房间里存在很多简正（共振）频率，简正频率处的声音都会被或多或少地放大，而这会让我们的声音变得更浑厚。

@ 子鱼

10 | 02

星期三　八月三十

为什么蘑菇的味道特别鲜美?

10 | 02

星期三 八月三十

鲜味的重要来源是游离氨基酸，我们熟悉的味精、鸡精，其主要成分就是谷氨酸钠，也就是谷氨酸的钠盐。除了谷氨酸，还有很多其他的氨基酸和核苷酸可以呈现鲜味，比如鸟苷酸、肌苷酸、天冬氨酸、丙氨酸等。蘑菇中的氨基酸、核苷酸种类多，游离态的比例很高，所以只要稍加烹饪，放一点点的盐，鲜味就出来了，而且各种鲜味物质还常常有协同作用，出现 1 加 1 大于 2 的效果。这就是为什么蘑菇这么鲜，如果是蘑菇加蘑菇、蘑菇加蘑菇加肉，那就更是鲜上加鲜了。

@芝麻酱

为什么沐浴露洗完澡身体是滑的，而香皂洗完身体是涩的？

10 | 03

星期四　九月初一

10 | 03

星期四 九月初一

使用体验不同主要有以下两点原因：

1. 香皂和水中的钙镁离子结合沉积，形成皂垢。皂垢会带来干涩的触感。而沐浴露中加入的螯合剂，避免了皂垢的产生。

2. 因为沐浴露的表面活性，洗完之后的部分残留会在皮肤表面形成带电荷的胶束，它们会带来滑滑的感觉。

@胖博士

10 | 04

星期五　九月初二

有哪些你周围人一直在做，可是你长久以来却蒙在鼓里的事情？

10 | 04

星期五 九月初二

小时候每次洗澡嘴里都要含一口水不咽下去，一直到洗完澡，妈妈说那样可以预防感冒。直到上初中有一次我爸进来帮我搓背，我一说话把水咽了，然后就担心地问会不会感冒，我爸淡定地说那是因为小时候我洗澡老哭，所以那样说的……

@Makers

莴苣、莴笋、贡菜、生菜、油麦菜之间都有什么关系？

10 | 05

星期六　九月初三

10 | 05

星期六 九月初三

莴苣是一个统一的称呼，而且是植物学学名，莴苣这个种下面有许多栽培品种，但在分类学上都是作为栽培变种来处理的。中国特有的（欧美很少见）莴笋，茎粗或极粗，供食用或者制作酱菜，绿叶也可以作为蔬菜食用。莴笋还有个一母同胞但不同品种的“莴苣”晒干后的脱水蔬菜，叫贡菜或者响菜，这种吃根茎的莴苣品种还有个统一的名字叫“茎用莴苣”。卷心莴苣，也就是卷心生菜，叶圆形，彼此抱卷成甘蓝式叶球，吃叶子。生菜，欧美人的餐桌常客，有多个品种，和上面提到的卷心莴苣以及油麦菜也有个统一的名字叫“叶用莴苣”。

@卫小妖 GOGOGO

10 | 06

星期日　九月初四

生啤酒、熟啤酒和原浆有什么区别?

10 | 06

星期日 九月初四

生啤如同字面意思，就是“新鲜的啤酒”，工厂酿造好后立即装桶运送到餐厅、酒吧等地，没有经过加工处理，啤酒中还有酵母和乳酸菌等物质。原浆啤酒大致相同，也是没有经过加热处理，含有酵母乳酸菌的啤酒。为了保持风味，这种啤酒大多全程需要冷链运输，保质时间短。市场上常见的瓶装和易拉罐装的啤酒封装过后，需要好几天才能运送到超市或者酒吧。如果没有进行过滤除菌的话，酵母和乳酸菌就会不停繁殖导致啤酒变质，酒液也会呈现混浊的状态。为了防止这种情况的出现，会对瓶装、听装啤酒进行 60 摄氏度的低温杀菌。这种啤酒又被叫作“熟啤酒”。

@HAKU

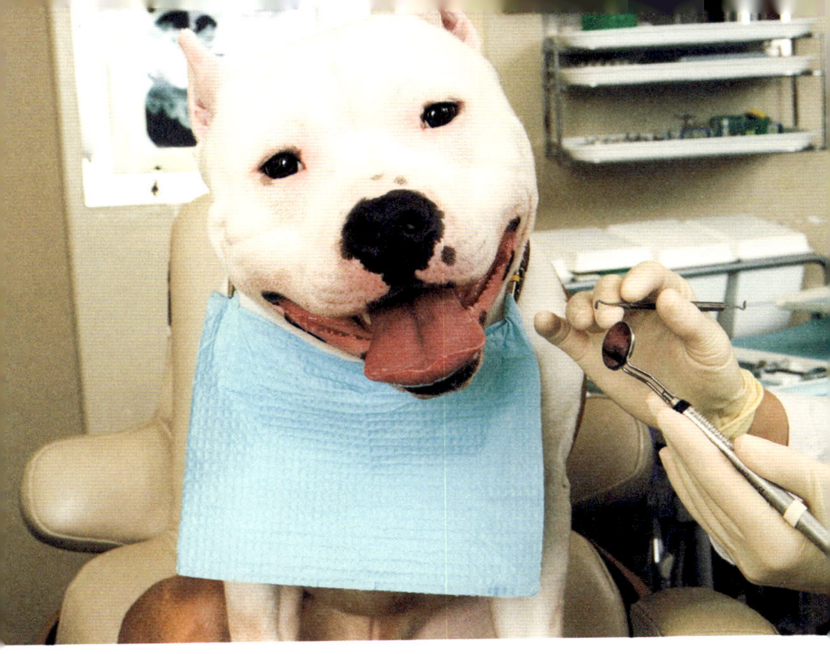

为什么动物不刷牙，牙齿很健康，人类天天刷还长蛀牙？

10 | 07

星期一 九月初五

10 | 07

星期一 九月初五

并非如此哦，动物不刷牙的话，牙齿也会不健康。很多野生动物之所以没受口腔健康问题困扰，是因为自然条件太残酷，它们根本活不到受牙齿困扰的时候。由于自然条件恶劣，野生大象的食谱中几乎没有精饲料，它们牙齿磨损的速度也就非常快，大象口中的臼齿一共有 5 ～ 6 套，磨损完一套换一套，换到最后一套还没死的话，就会因无法进食而活活饿死。动物是没法自己刷牙的，但不同野生动物确实是有针对性的应对策略，比如啮齿动物的牙齿会一直生长，以弥补前端的磨损。正因为人类没有各种花哨的换牙技巧，只有一套乳牙和一套恒牙，而一套恒牙更是得用个好几十年，所以不好好刷牙是不行的哦！

@ 犬君拌汪酱

10 | 08

星期二 · 九月初六

寒露

10 | 08

星期二 寒露

10 | 09

星期三 九月初七

大豆可以做成多少制品？

10 | 09

星期三 九月初七

大豆是一种同时富含性价比超高的蛋白质和油脂的作物。所以我们食品工业对于大豆这种可塑性极强的食材有如下操作：

1. 原料大豆炼油：剩下的脱脂豆粕可以用于提取蛋白质或者用作饲料；

2. 制作豆制品：蛋白质丰富的部分凝固制成豆制品，脂肪丰富的部分制作成豆皮或腐竹；

3. 其他食用方式：发酵、发芽或直接食用。

@初夏之菡

10 | 10

星期四 九月初八

可乐可以治病吗?

10 | 10

星期四 九月初八

可以的。至少从众多临床案例和系统综述来看，可乐治疗胃柿石症或者胃结石的效果还是非常不错的。而且可乐方便易得、价格低廉、副作用比较少，确实可以当成一个治疗胃结石的常规方案。但如果是比较严重的情况，光喝可乐的效果有限，可能需要配合手术、内镜和药物治疗。不过请大家注意：如果你怀疑自己有胃结石，不要自己盲目喝可乐解决，还是需要到正规医院检查后，遵医嘱进行治疗。

@ 钱程

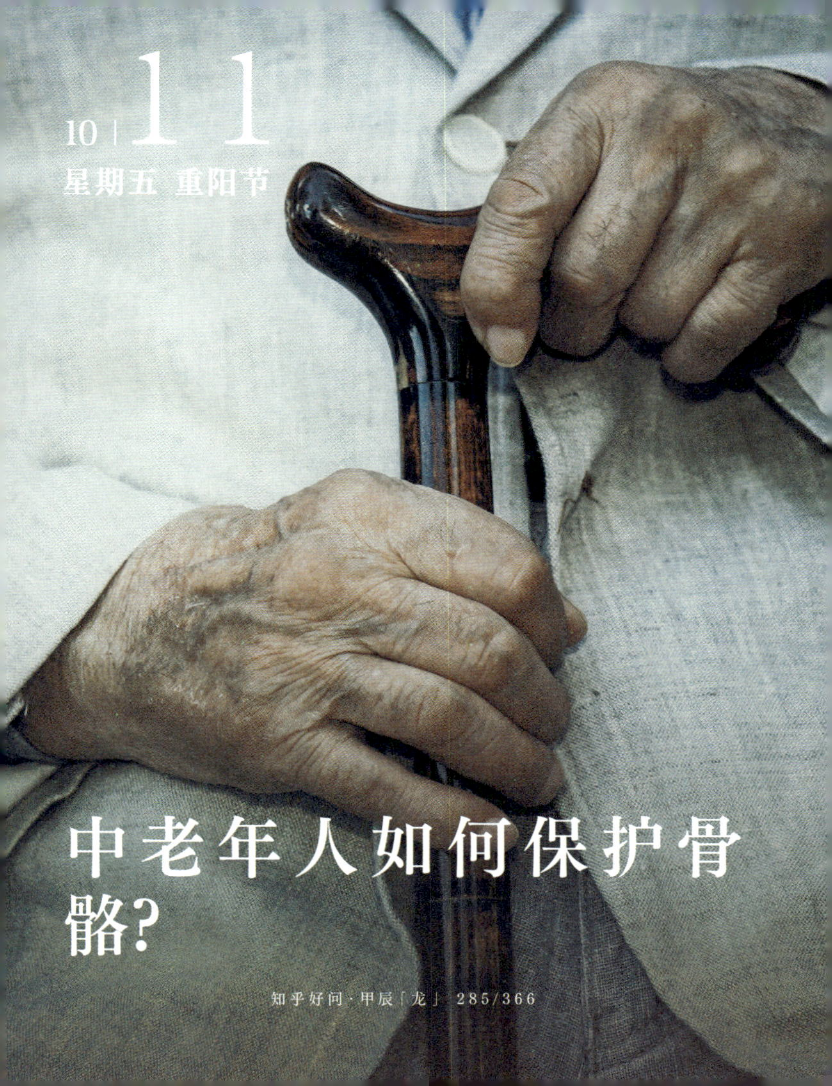

10 | 11

星期五 重阳节

中老年人如何保护骨骼?

10 | 11

星期五 九月初九

补钙只是一方面，还有几件非常重要的事情：

1. 体检。骨密度检查可以筛查骨质疏松并评估其程度，这个项目在便宜的基础体检中是没有的，至少中老年需要查。

2. 防摔倒。绝大多数骨折都是由意外碰撞所致，除了提高骨骼的防御力，还是要尽量避免损伤。

3. 多运动。循序渐进，持之以恒。运动对骨骼施加的良性应力可以促进骨量增加，另外运动改善肌肉协调性，也可以减少摔倒的风险。

@Luxenius

10 | 12

星期六　九月初十

上联“白塔寺前三座塔，塔、塔、塔”，你能对上这个绝对的下联吗？

10 | 12

星期六 九月初十

骆宾王咏一只鹅，鹅、鹅、鹅。

@ 鹿骨扳指

在法律出现之前，是道德在约束人类的行为吗？

10 | 13

星期日　九月十一

是私力救济在约束人类行为。做偷鸡摸狗的事被村民打了一顿并扒光了扔出去，甲家的牛啃了乙家的麦全家人堵着门要赔偿，嫁出去的闺女被欺负了一族青壮扛着锄头来要说法——中国人民大学出版社 2000 年版《民事诉讼法》第四页写道：私力救济是“最原始、最简单的民事纠纷的处理机制”。在没有法律约束的情况下，侵犯他人的后果可能是无上限的，单讲约束力的话并不见得更弱。这也是为什么古代被侵犯的对象更多是无力行使私力救济的——比如身单力孤的外乡人、失去宗族保护的小家庭等。现代社会倾向于法治，更主要的原因是法治更不容易失控、综合社会成本更低。当然，也是打击宗族势力后必然要承担的社会义务。

@Ace Zhu

10 | 14

星期一　九月十二

中高纬度的蚂蚁如何过冬，它们的巢穴如何抵御严寒带来的地表低温？

10 | 14

星期一 九月十二

蚂蚁并不容易被冻死，只是在低温下行动迟缓。生活在中高纬度或高海拔地区的蚂蚁会在秋季气温明显下降前摄入较多的食物来储备脂肪，在降温后会朝土壤深处、岩石下面、树皮下等容易保热的地方挖掘，并堵住通往冷空气的大部分隧道。干土是很好的隔热材料，能将土壤深处微生物代谢产生的热长时间保留，被太阳加热的岩石下部也可以长时间保温。蚂蚁会成群蹲伏来保持体温，尤其是包围蚁后。

@ 赵泠

10 | 15

星期二　九月十三

在没有安全感的环境中，马一般会站着休息，但并不是真的深度睡眠，这种休息方式会让马的体能得到恢复，同时在遇到危险时可以拔腿就跑。在野外条件下，马群休息时，通常会有一匹马作为岗哨，它一般呈站立状态，观察周边环境，一旦发现异常，马上提醒其他成员。通常马群中还有第二岗哨，它是半躺状态，配合第一岗哨。其他成员则是躺平状态。这样马群成员既可以轮流好好休息，又能最大限度地保证安全。

@Horsing Life

10 | 16

星期三 九月十四

为什么有的食物会被水煮软，有的会被煮硬？

10 | 16

星期三 九月十四

蛋白质通常会越煮越硬，而淀粉和脂肪类则越煮越软。富含蛋白质的鸡蛋、肉类在“生或活”的时候是具有柔韧性的，而煮熟后则通常会凝固难以变形，这是因为高温破坏了蛋白质的高级结构。当富含淀粉的食物受热时，淀粉颗粒会吸水膨胀，糖链之间的氢键断裂，使淀粉糖链变得更容易水解。同时，淀粉在水中糊化，形成黏稠的胶体，使食物变软。脂肪主要由甘油和脂肪酸组成，在室温下，脂肪可能以固态或液态存在。当富含脂肪的食物受热时，固态脂肪会融化变成液态。非淀粉类蔬菜煮后变软，是因为加热破坏了它原先的细胞结构，导致细胞中水分流出，无法维持原先的“刚性”形态，因此看上去变蔫了，这和蔬菜放久了变蔫了是类似的道理。

@ 初夏之菡

10 | 17

星期四 九月十五

有哪些特别传神的音译？

10 | 17

星期四 九月十五

法国巴黎郊区，国王的行宫——Fontainebleau，风景极美，清泉交映，橡树、白桦等密密层层，宛若一片硕大无比的绿色地毯。秋季来临，树叶渐渐交换颜色，红白相间。因此，朱自清先生将其音译为“枫丹白露宫”，徐志摩先生将其音译为“芳丹薄罗宫”。从发音上讲，芳丹薄罗更贴近法语发音，但是枫丹白露从文采上讲更加传神，枫叶如血，白露为霜。

@ 温飞卿

10 | 18

星期五　九月十六

晚上盖着被子睡觉，为什么被窝里的温度不会越来越高，而是最终维持适宜的温度？

10 | 18

星期五 九月十六

当温度过高时你会踹，当温度过低时你会拽！

@ 拔剑四顾

10 | 19

星期六 九月十七

火灶的特点？

10 | 19

星期六 九月十七

因为中国人用筷子。寒带和温带喜欢吃热食熟食，所以直接手抓是不行的，中国文化圈使用筷子捞取食物。筷子的特性，决定了中国菜肴的形式必然是小块的：丝、片、块……这样的菜可以一筷入口。所以中国的烹饪方式，主要是对付小块食材的。当然，这种对付小块食材的烹饪，也还有很多手段，比如炖煮、蒸、炸、冷食。但是炖煮和蒸往往需要更长时间的烹饪。炸则耗费油料更多，同时炸不能有效混合不同食材的味道。用油比炸更少、烹饪温度比蒸煮更高、成菜时间更短的猛火炒就出现并且流行了。

@ 甄昊元

10 | 20

星期日　九月十八

为什么西方在食用油普及后，炒菜的并不多，反而是油炸比较多？

10 | 20

星期日 九月十八

中国榨油业的兴起早于工业化，传统餐馆的良性竞争过程催生了炒菜。欧美榨油业的兴起和工业化在同一时期发生，于是诞生了适合量产的各类油炸食品。油炸食品便于标准化。只要通过试验找到合适的油温和炸制时间，菜肴的品质就不大依赖烹饪者的经验了。只要经过短期的培训，就能批量提供品质高度一致的食物。有美拉德反应打底，口味上也较容易达到 80 分以上。

@Ace Zhu

国家发的电用不完的，国家电网会储存起来吗，还是浪费了？

10 | 21

星期一　九月十九

10 | 21

星期一 九月十九

与大众认知相反，电能生产消费的顺序是先用后发，而不是先发后用。电力系统是个能量池，用户从中抽取能量，并网发电机组向其中注入电能，达到平衡的指标就是系统频率。一个同步电网只有一个频率，所有用户和发电机组共同维持这个频率。

@蔡鹏程

10 | 22

星期二　九月二十

对打工人来说，办公显示器的分辨率与抗蓝光功能，哪个更重要？

10 | 22

星期二 九月二十

对办公用的显示器而言，分辨率和抗蓝光都是很重要的参数，但具体还是要看办公需求和个人喜好。如果你从事的是设计、动画制作、建模作图等工作，那么 4K 分辨率就极其重要。因为对显示器而言，相同屏幕尺寸下，分辨率越高，则屏幕分辨率越高，显示效果越清晰。如果你只有普通的办公需求，那么我认为低蓝光功能更加重要，可以有效保护视力。屏幕是否护眼主要取决于显示器的面板类型、调光方式（频闪类型）、屏幕亮度和低蓝光模式。一般来说，广视角面板的观感比较柔和，入侵防御系统中等；DC 调光最好（无频闪），高频 PWM 调光（或 PAM 调光）次之；屏幕亮度太低，眼睛要睁很大，容易出现视觉疲劳，屏幕亮度太高也会刺眼。一般正常室内办公，显示器屏幕亮度推荐在 200 ～ 350 尼特；硬件低蓝光是真的好用、真的护眼。

@ 卡老板 Camille

10 | 23

星期三 九月廿一

霜降

10 | 23

星期三 霜降

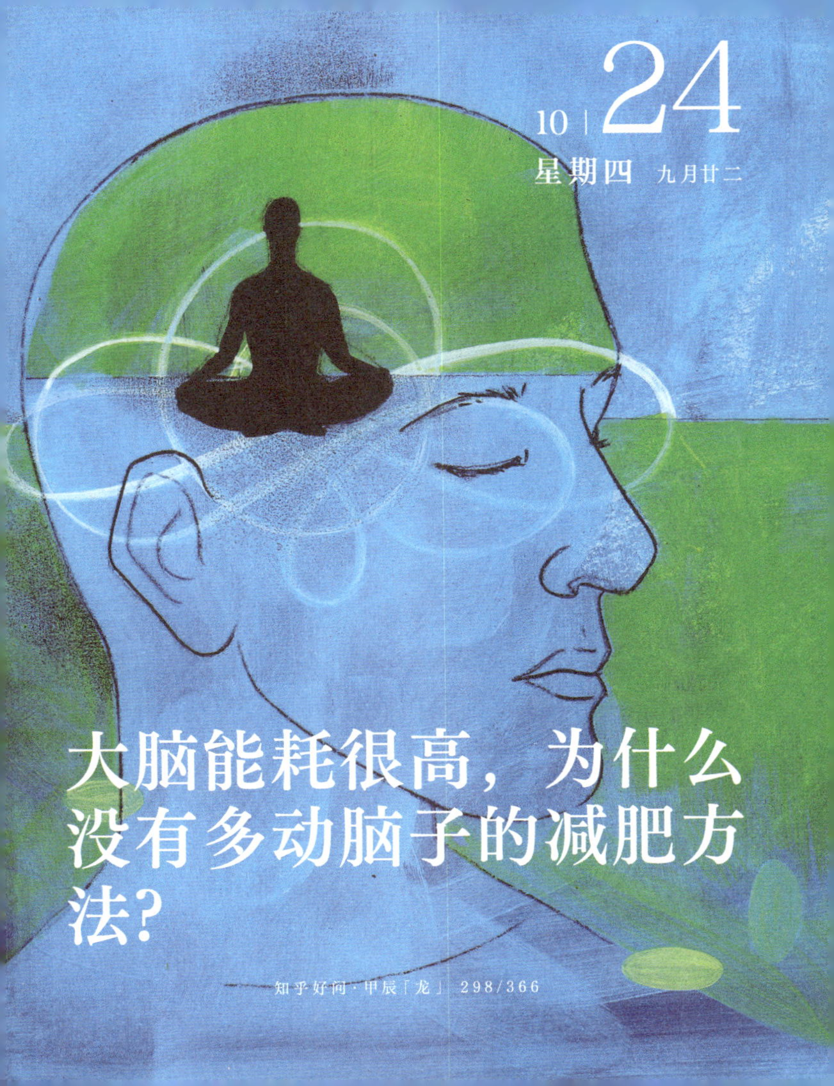

10 | 24

星期四 九月廿二

大脑能耗很高，为什么没有多动脑子的减肥方法？

10 | 24

星期四 九月廿二

多动脑不仅不能帮助减肥，动脑过度还容易增肥。大脑的耗氧量和耗能的确都是身体其他器官完全无法比拟的，但大脑的能耗基本都是“基础能耗”，这是因为大脑无论在你动脑还是不动脑的时候，能量消耗都是这么多。因为大脑最大的能量消耗，是维系你的生存——意识、呼吸、心跳、整体的协调。实际上思考只不过是在这个基础上，徒增了 5% 左右的能耗。而正是大脑这种基础能耗极高的方式，导致一旦你过度用脑，身体就会迅速觉得能量支出不受控制，从而启动压力系统，造成高应激。所以长期脑力压力较大，不仅不会因为多支出的能量变瘦，身体的应激反应提升，反而导致你特别饿、特别嗜甜、缺乏规律饮食和运动的意志力——“压力肥”就是这么来的。

@ 初夏之菡

为什么肉第一次烧是越炖越酥烂，但是烧完之后加热却会越来越老？

10 | 25

星期五　九月廿三

10 | 25

星期五 九月廿三

第一次烧的肉明明已经长时间加热，为什么还能保持不变老呢？一是因为炖煮的时候火候控制得比较好，水的损失比较少；二是有一种新的物质代替了水，赋予了肉润滑的口感，它就是肉筋（结缔组织）溶解后产生的明胶。在长时间的炖煮中，捆绑住肌纤维束的肉筋溶解成明胶，这些新生成的明胶给我们的口腔提供了一种润滑的口感。那为什么烧完的肉反复加热会越来越老？这是因为水和明胶被煮干了，肉变柴了，润滑的口感也消失了。

@开尔文

10 | 26

星期六 九月廿四

为什么用富含蛋白的大豆酿制酱油，而不用肉?

10 | 26

星期六 九月廿四

肉类蛋白质发酵的酱，出现的时间远比植物酱要早，其中一些酱至今仍在使用，比如鱼酱油——“鱼露”。植物酱发酵技术的发明和掌握，使得豆酱油以低成本优势迅速传播推广。运用发酵酱汁是中国烹调调味的重要特点之一，也是我们中餐里以鲜为美的调味审美的基础。

@识食务者

畜字的结构怎么解释，上面一个玄下面一个田，有什么含义吗？

10 | 27

星期日 九月廿五

10 | 27

星期日 九月廿五

“畜”的古文下半边不是“田”，而是“囿”（一般认为）。“囿”就是牲口圈。上半边也不是“玄”，而是“糸”（丝），在构字中可以表示小到丝弦、大到绳索的一切柔软的条状物。在这里显然表示拴牲口的绳子。

@ 齐翅扬 PTEREWRON

10 | 28

星期一 九月廿六

昆虫为什么不会因趋光性齐刷刷地奔向太阳？

10 | 28

星期一 九月廿六

我们对昆虫的趋光性有的时候是误读!

特别是飞蛾扑火，我们以为是昆虫喜欢追逐光明，其实这是数千年来的误解。亿万年来，夜晚活动的蛾子等昆虫都是靠月光和星光来导航的。因为是极远光源，光到了地面可以看成平行光，能作为参照来做直线飞行。只要按照固定夹角飞行，就可以飞成直线，直飞才最节省力气。但自从人类学会了使用火，这些人造光源因为很近，光线呈中心放射线状，可怜的蛾子就开始倒霉了。蛾子还以为按照与光线的固定夹角飞行就是直线运动，结果越飞越不对，飞成了等角螺线，飞到火里去了……

可惜亿万年才演化出的精妙直线导航方法，被人类的光污染干扰，失效了!

@匿名用户

《西游记》中妖怪抓到唐僧，为什么不赶紧吃一口？这是不是最大的硬伤？

10 | 29

星期二　九月廿七

10 | 29

星期二 九月廿七

如果你有一天得到了一个特别难获得的食材，你是随便炒着吃了还是看看攻略，买好调料再做?

@笔如刀

10 | 30

星期三　九月廿八

在太空里面，如果放屁的话，会一直飘下去吗？

10 | 30

星期三 九月廿八

考虑理想情况，由于动量守恒，喷射出一团高温高压气体的人，应该会朝反方向飞走。但是在现实中，宇航员都会穿裤子。由于衣物的遮蔽，屁很难保持喷出时的初速度。当这团热乎乎的气体终于逃脱层层纺织物，它包含的净动量已经几乎降为零。实际上国际空间站的宇航员克里斯 · 哈德菲尔德（Chris Hadfield）在 2012 年的一次采访中回答过这个问题，他明确表示，在空间站上放屁，宇航员不会飞走。

@ 刘博洋

10 | 31

星期四 九月廿九

有什么能带给人安全感的东西?

10 | 31

星期四 九月廿九

被窝结界。

@ 杨朝伟

NOVEMBER
11
知乎好问·甲辰「龙」

11

	一	二	三	四	五	六	日
44					1	2	3
45	4	5	6	7	8	9	10
46	11	12	13	14	15	16	17
47	18	19	20	21	22	23	24
48	25	26	27	28	29	30	

一块砖头每秒复制一次（2、4、8……），多久能占满整个银河系，乃至整个宇宙？

11 | 01

星期五　十月初一

11 | 01

星期五 十月初一

178 秒。

如果翻倍速度慢的话，你还可能看到翻倍砖头对地球的撕裂和吞噬，看到砖头重核恒星的诞生，看到超级重核超新星爆发……看到它化身黑洞把太阳系摧毁并吞噬，看到它变成超级黑洞，撕碎并吞噬银河系，直到整个宇宙崩坏。

@ 瞻云

11 | 02

星期六　十月初二

武松在景阳冈喝了18碗酒，吃了2斤熟牛肉，正常人的胃能一次性塞这么多东西进去吗?

11 | 02

星期六 十月初二

首先，2 斤牛肉并没有多少，体积还不如一瓶 500 毫升的啤酒。我昨天夜宵吃了半斤，感觉和没吃一样。而酒就更容易塞进胃里了。人在喝酒时，其中的酒精成分在口腔中可被吸收 6% ～ 7%；在胃中被吸收 20% 左右；剩下的 70% 多进入小肠，通过静脉进入肝脏。绝大部分的酒精是在小肠中被吸收的，而不是胃。含酒精 15% ～ 30% 的酒精性饮料吸收速度更快。

@ 陈子杨 Dr.outside

为什么中国人把 W（double u）读成“达不溜”？

11 | 03

星期日　十月初三

11 | 03

星期日 十月初三

字母 W 有两种发音，一种类似于“达不溜”，另一种为“double u”。其中，前者是英式发音，后者为美式发音。中国人倾向于读前者，是因为我们使用的英语教材偏向于英式英语。

@ 难得糊涂

11 | 04

星期一 十月初四

为什么史前会下几百万年的大雨？

11 | 04

星期一 十月初四

一般提到“几百万年的大雨”，指的就是三叠纪中晚期的卡尼期洪积事件，这其实是全球气候从干旱转为潮湿的一个大转折。但是并不是下了几百万年的雨，而是在数百万年内全球气候比较潮湿，经常出现雨季与洪涝而已。

@ 地星引力

人类学会用火之后，是什么原因让人类热衷于用火烤熟食物？

11 | 05

星期二　十月初五

11 | 05

星期二 十月初五

人类热衷于用火加工食物的主要原因是懒。动物从食物中取得能量时，要先消耗较少的能量打破食物中的大分子，将其变成容易吸收的小分子。在自然界，为了获得同样多的营养物质，吃植物会比吃肉消耗更多的能量，吃生食会比吃熟食消耗更多的能量。高温烹饪可以打碎食物中的一些大分子，大大降低咀嚼、消化、吸收的难度，吃熟肉的吸收效率是吃生肉的 10 倍左右。铁、锌、维生素 B_{12} 等营养物质也是在烹饪之后更容易吸收。原始人并不知道这些，但他们感觉得到吃熟肉更省力。

@ 赵泠

11 | 06

星期三 十月初六

为什么有些食物要热的才好吃？

11 | 06

星期三 十月初六

几乎所有食物在变冷之后都会有风味强度下降的问题。“大鱼大肉”类的菜还会因为脂肪凝固而出现额外的蜡感和风味损失；淀粉类食物放凉以后会由于老化而变硬。而这些食物是什么？这都是我们平时家里最常吃的菜和主食啊！所以这才造成了“多数食物要热的才好吃”的认知。动物脂肪含量不高、非淀粉类的食物，一般冷着吃也不会难吃。比如拍黄瓜、酱牛肉、白斩鸡、水果沙拉之类的，冷着吃就很好吃，如果热着吃反而会很奇怪。此外，很多饮料冰镇以后会更好喝，这是因为冰镇可以增加果糖的甜感（果糖有“冷甜”特性），也会增强碳酸饮料的气泡感。

@ 钱程

11 | 07

星期四　十月初七

立冬

11 | 07

星期四 立冬

11 | 08

星期五　十月初八

鸿门宴明明是一场失败的宴席，为什么却能进入中学语文课本？

11 | 08

星期五 十月初八

这篇文章被选入中学语文课本是为了教学生怎样阅读文言文的，而不是教学生怎样在开宴会时成功谋杀宾客的。

@ 一颗土豆

只有江苏常州方言中才把“带馅的”都叫作馒头吗?

11 | 09

星期六　十月初九

不是，但也不是像有些人所说的，整个吴语区或者北吴地区都把包子叫成馒头。大致来讲，北吴太湖片有三种叫法，浙北杭嘉湖部分地区，馒头就叫馒头，包子就叫包子。苏南上海大部分地区，馒头叫馒头，包子叫肉馒头。因为上海城市影响力大，所以导致大家误以为这种叫法是北吴乃至整个吴语区的常态。而浙东宁绍部分地区，又是倒过来的，包子还叫包子，但馒头叫淡包。除此之外，也有把馒头叫成面包的。

@陆土根

11 | 10

星期日 十月初十

为什么制铁器的时候要在烧红后浸入冷水?

11 | 10

星期日 十月初十

钢材制备过程中有个重要的工艺，叫作淬火（一般读成蘸火），就是把烧红的铁器往水里一浸，可以大幅度提高钢材的硬度、强度、耐磨性。淬火最主要的原理，就是通过快速冷却，使得铁中的碳原子来不及扩散析出，滞留在铁内部变成过饱和的铁 - 碳固溶体，并形成一种被称作“马氏体”的显微组织。直到 1890 年，马氏体才被一个叫马登斯（Adolf Martens）的德国人发现。这时候人类已经无知并快乐地耍了两千多年的钢刀了。

@ 小侯飞氘

大脑为什么要删除3 岁前的记忆？你小时候到底看见了什么？

11 | 11

星期一　十月十一

11 | 11

星期一 十月十一

你以为是删除了硬盘数据，其实是没装好驱动根本没这日志。

@ 彭铖

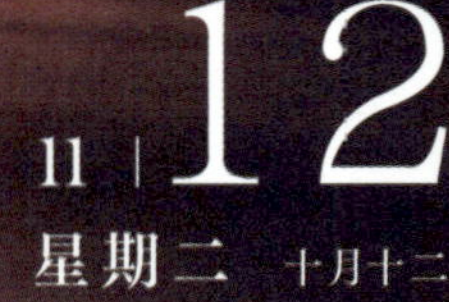

在海底 1 万米把水烧开需要多少摄氏度？

无法烧开。每十米水深会增加一个大气压，100 米就是 1 兆帕，1 万米就是 100 兆帕。水的临界压强大约是 22 兆帕，1 万米深度的压强已经超过临界压强，不会发生液气相变。加热超过临界温度，水由液体转变为超临界流体，但无沸腾现象，所以无法“烧开”。随着温度继续升高，超临界水的密度就继续连续减小，哪怕加热到电离的温度，也不会看到“烧开”。

@Ace Zhu

11 | 13

星期三　十月十三

动物会给自己治病吗?

11 | 13

星期三 十月十三

如果“治病”特指缓解身体不适，那动物给自己治病的例子就太多了，而且治病方式也很多样。有“外用”药物治病的例子，比如红海地区的宽吻海豚会磨蹭柳珊瑚分泌的黏液，以此达到缓解皮肤炎症、舒缓疼痛瘙痒的目的。“理疗”的例子也不少见，珊瑚礁环境的大型鱼类、龟类会依靠小型鱼类维持口腔健康、减少体表寄生虫，白鲸也会到河口地区用砂砾“按摩”去掉体表死皮和寄生虫。

@ 一个男人在流浪

11 | 14

星期四　十月十四

上千摄氏度的铁水都不能将坩埚熔化，它是用什么做的?

11 | 14

星期四　十月十四

盛钢水的容器是由多层结构组成的，最里面的一层叫绝缘层，也叫隔热层；第二层是隔温层，这层是将很多种耐高温的材料合在一起做成耐高温合金，比如铝镁层；而最外面的一层才是我们看到的那种普通金属层。钢水温度经过一层层削弱之后，到了最外面的一层就只有 300 多摄氏度，远低于金属熔化的温度，自然也就不会熔化了。而这种金属容器最里面的隔热层用的就是坩埚，它是由石英砂等材料做成的，1700 摄氏度都不会熔化，对那些普通的金属来说熔化温度也才 1000 多摄氏度，钢的熔点也就 1500 摄氏度左右，因此坩埚是不会熔化的。

@ 制造原理

据说家猪放生会在一年内野化成有獠牙的野猪，这是什么原理？

11 | 15

星期五 十月十五

11 | 15

星期五 十月十五

在缺乏人工干预的野外环境下，家猪的鬃毛和獠牙会得到充分的生长，风吹日晒雨淋再加上在泥尘中摸爬滚打，因此体色会比室内圈养的家猪更深。营养供给减少，体型也会变得瘦长，形态上自然更接近野猪，但还远不到发生基因突变的程度。把一个干干净净的现代人丢到野外一年，回来后必定也是蓬头垢面、衣衫褴褛、判若两人，活像个野人。

@开心飞度

11 | 16
星期六 十月十六

被删除的电脑垃圾哪里去了?

11 | 16

星期六 十月十六

打个比方，你用积木搭了一架飞机，这相当于电脑里的资料，然后你把飞机拆掉，也就是删除资料，你会发现出现和消失的是飞机，积木本身一直都在。现在你知道电脑垃圾都去哪儿了，它们没有消失，只是乱掉了。不过在文件系统中，删除一个文件只是把飞机暂时放在一边，然后骗你说飞机不见了，电脑懒得拆，当你需要用这些积木搭其他东西时，电脑就直接从飞机上一块块取下来，用多少取多少。

@ 逸之

11 | 17

星期日 十月十七

猫咪为什么喜欢把爪子缩在身体下面？

11 | 17

星期日 十月十七

猫咪揣手是为了保暖，可以让猫咪在不消耗能量的情况下达到保温的效果。偶尔我们还会看到喵星人用尾巴把身体圈起来，有时候也是为了保暖。此外，揣手还意味着猫咪此时很放松、毫无防备，对周围的环境或人很信任。即使不是冬天，喵星人也爱揣手，但也不会随时随地揣手，因为揣手意味着面对危险它不能马上做出反应。

@ 猫研所

11 | 18

星期一 | 十月十八

有什么方法可以快速提高人体的免疫力？

11 | 18

星期一　十月十八

提高免疫力的目的是让我们的身体在面对外来威胁时更从容一些。而实现这个愿望的方法就是：

1. 合理饮食，给免疫器官、免疫细胞和功能性蛋白提供源源不断的养分补充；
2. 适度锻炼、增强体质，因为免疫系统的运转需要强健的机体功能，也需要我们的身体足够强壮，来撑过一些在激烈的“免疫大战”中出现的发热、炎症等；
3. 保持乐观积极的心态，遵循合理的作息规律，因为目前已经有很多证据可以说明，低沉的情绪或紊乱的作息可以通过内分泌的变化产生身体应激，从而影响免疫系统。

@一个男人在流浪

11 | 19

星期二 十月十九

长大后你做过哪些“童年报复性补偿”的事？

11 | 19

星期二　十月十九

点四个肯德基香辣鸡腿堡，只吃中间的肉饼。

@ 小约翰

11 | 20

星期三 十月二十

盐的咸味从哪里来？是钠离子还是氯离子？

11 | 20

星期三 十月二十

目前，一般认为氯化钠的咸味来自其阳离子——钠离子。钠离子被特定味觉细胞上的钠离子通道输送进味觉细胞，引起细胞膜内外电势波动。细胞电位变化使得钙离子通道打开，钙离子内流使得神经递质释放，激活下一级神经元。神经信号传递到中枢，产生咸味的感觉。

@ 中科院物理所

为什么猫咪喜欢伸懒腰?

11 | 21

星期四 十月廿一

11 | 21

星期四 十月廿一

伸懒腰的英文 stretch，其实就是拉伸的意思。平时大家做剧烈运动之前，都会做伸展运动，伸懒腰的目的也差不多，是为了“唤醒”肌肉。第一，在做伸懒腰这个动作的时候，肌肉的温度会升高，降低了黏滞性、提高了肌肉的伸展性和弹性，自然更有利于提高运动的能力。第二，猫的全身肌肉处在拉伸的状态，还可以刺激某些关节的神经系统活动。第三，伸懒腰这一简单的运动还可以让血液流速加快，血压升高，让更多的血液流向肌肉和大脑，唤醒昏沉沉的身体。

@ 苏澄宇

11 | 22

星期五 十月廿二

小雪

11 | 22

星期五　小雪

我们为什么会在不知不觉中忘事？遗忘都是怎样发生的？

11 | 23

星期六　十月廿三

11 | 23

星期六 十月廿三

遗忘往往是在不知不觉中发生的。这个现象有两种解读方式：

1. 有些记忆是需要被遗忘的。就像有些记忆——你不想记住它，但它就是挥之不去。同理，记忆也会不知不觉消失。这并不是什么令人感伤的事情，相反，大脑需要这样的遗忘。

2. 大脑发生病理性的变化，让你把不该也不想忘记的也忘记了。最好的例子大概是阿尔茨海默病（AD）。它是一种神经退行性疾病，国内俗称“老年痴呆症”，但这个说法不准确，因为不仅 AD 晚期有痴呆的症状，其他的神经退行性疾病也会有。

@ 赵思家

11 | 24

星期日 十月廿四

为什么上班摸鱼比认真工作还要累？

11 | 24

星期日 十月廿四

认真工作需要能力，上班摸鱼需要演技。

@Zhang Kevin

为什么煮熟没吃完的剩饺子，第二顿就不好吃了，同样的剩饺子再煎一煎就好吃了？

11 | 25

星期一 十月廿五

11 | 25

星期一 十月廿五

煮熟的饺子在冷藏过程中会发生两个变化:

1. 淀粉老化。饺子皮质地变硬，失去软糯的感觉。淀粉老化是不可逆的，即使再加热，淀粉也无法恢复到刚出锅时的糊化状态。

2. 肉馅氧化。熟肉在冷藏过程中发生氧化会产生不新鲜的味道。这种味道的产生跟肉类中脂肪、磷脂和其他脂质的氧化高度相关，氧化过程会产生醛、酮等次级氧化产物，这些产物是异味的来源。

这两个变化会使饺子在冷藏过程中口感变差，即使再加热，也确实不如刚出锅时好吃。但如果做成煎饺的话，在煎炸过程中产生的美拉德反应会给饺子带来焦香的气味，这些气味会掩盖肉馅氧化产生的不新鲜味道；同时煎饺的底部面皮变硬，变酥脆，也抵消了一部分淀粉老化带来的回生感，因此尝起来就会美味一些。

@ 钱程

11 | 26

星期二 十月廿六

长颈鹿是如何休息的?

11 | 26

星期二 十月廿六

长颈鹿睡眠时间很少，如果非要睡，可能拿自己的屁股当枕头睡。一般在动物园里看到长颈鹿睡觉都这样：把长长的颈脖一歪，枕着自己的屁股睡觉。不过，这并不是它们一天下来最常见的姿势，它们每天睡觉的时间并不长。因为长颈鹿作为被捕食者，在野外一天中的大部分时间都是危险的，很难在野外看到它们睡觉的模样。长颈鹿的其他睡眠姿势还有站着或坐下来（但不歪头）的。坐着睡的时候，也有可能是醒的，睡眠周期的波动很大，由此可见，长颈鹿确实是一种非常警觉的食草动物。

@ 苏澄宇

翻白眼用力过猛有可能把眼球翻180度，这时能看到自己的大脑吗？

11 | 27

星期三　十月廿七

11 | 27

星期三 十月廿七

很抱歉，不能。眼睛的底部（视网膜）和视神经相连接。因此，当你还看得见的时候，你的视网膜必然和视神经连接在一起。那么很自然，（当你还能看到的时候）你的眼睛再怎么翻白眼，也没法转到脱离两者。因此，你是看不见视神经的，更没法直接看到大脑。

@ 华沙

11 | 28

星期四 十月廿八

你吃过最令人感动的食物是什么？

11 | 28

星期四　十月廿八

我妈说，每当她想我回无锡了，就会去菜场买一只体格壮硕、油头肥厚的鸡，洗干净，放水里煮。鸡很生气，吐了许多浮泡儿，刮了。为了让鸡服气，她下了点姜和酒，放下锅盖慢火焖，把鸡只吃不锻炼的油都熬出来，浓黄的浮成一片一片。又拿一口锅，加点儿水，把一块块的五花肉搁进去，煮得五花肉见灰白了，去水，下酱油、糖和黄酒，放下锅盖慢火焖，让肉慢慢变红。她自己一旁继续扫地、逗狗、收拾沙发垫。——她说，这时候，我在上海，或者其他天涯海角的街上，不管走着、坐着还是站着，准会忽然一皱眉，一耸鼻子，抬头仰望许久，然后对身旁的某人说：“我觉得，我妈好像在炖鸡汤和红烧肉。”

@张佳玮

11 | 29

星期五

油炸食物可以保存很长时间吗?

11 | 29

星期五　十月廿九

油炸食物不一定可以保存很长时间，一定要保存的话，油炸成品在冷藏条件下也只能保存几天，跟其他菜相比并没有明显的优势。除非冷冻起来，这样可以保存好几个月。不过，其他菜冷冻起来也能放很久，还是没有明显的优势。油炸食物，之所以保存时间久是因为它是“干燥”的，水含量太低了，微生物没法生长。油炸过程可以使食物中的水分快速蒸发，是一种“干燥”的方式。但也有很多别的干燥方式，比如热风干燥、喷雾干燥、冷冻干燥等。不管用哪种干燥方法，只要成品水分含量足够低，就能保存比较久。

@ 钱程

11 | 30

星期六 十月三十

不浮躁的社会是什么样的？

11 | 30

星期六 十月三十

不浮躁就是该吃饭吃饭，该睡觉睡觉，该看书看书，该洗澡洗澡，聊事时聊事，陪朋友时陪朋友。万事各得其所，专心在此时此刻，做每一件事。

@ 张佳玮

DECEMBER
12
知乎好问·甲辰「龙」

12

	一	二	三	四	五	六	日
48							1
49	2	3	4	5	6	7	8
50	9	10	11	12	13	14	15
51	16	17	18	19	20	21	22
52	23	24	25	26	27	28	29
53	30	31					

如果人类大脑被完全开发，永远不会遗忘，将会发生什么？

12 | 01

星期日　冬月初一

12 | 01

星期日 冬月初一

其实，永远不会遗忘这件事，不需要等着大脑开发到百分之多少，现在就有。超忆症（hyperthymesia），了解一下。患有超忆症的人的记忆力是与生俱来的，而并不是像某些人群是通过后天的训练得到的——通过某些符号化的记忆来提升记忆能力。这些人无法选择性地记忆，所以导致他们不正常地花费大量的时间去回忆自己的过去，并且能从个人经历中记住非常多的细节。实际上，因为这种记忆力是不具备选择性的，反而会对本人造成非常多的困扰。遗忘，其实也是大脑的一种自我保护机制。很多超忆症患者都附带一些自闭或者焦虑因素。

@ 极萨学院冷哲

12 | 02

星期一 冬月初二

多少帧率的视频才能让狗或猫感觉流畅不卡？

12 | 02

星期一 冬月初二

约 75 帧每秒。21 世纪初，在 HDTV（High definition Television，高清晰度电视）上出现了针对狗的电视频道，称为 DogTV，播放面向狗的高帧率视频信号（狗眼适合的帧率约 75 赫兹），按照狗能识别的色彩（黄色、蓝色及其组合）着色，包含狗耳能听到的高频声音。猫也经常在人家里看电视，表现出可以识别电视屏幕上的不同轮廓和动作并对电视发出的声音做出反应。猫眼适合的帧率约 70 ～ 80 赫兹，并对红色识别能力较弱。猫有时会试图攻击电视上的虫子和老鼠。

@ 赵泠

12 | 03

星期二 冬月初三

为什么路灯灯光多是黄色的，而不是白色的？

12 | 03

星期二 冬月初三

在 LED 出现以前，白光灯主要是白炽灯，路灯使用的黄光灯是高压钠灯。根据资料，高压钠灯的发光效率是白炽灯的几倍、寿命是白炽灯的 20 倍，成本更低、透雾性也更好。此外，人眼对黄色光比较敏感，并且黄色光给人温暖的感觉，这些都有助于降低夜间交通事故发生的概率。

@ 中科院物理所

12 | 04

星期三 冬月初四

人类为什么喜欢音乐？能否从进化论上解释？

12 | 04

星期三 冬月初四

音乐可以激活与情感相关的脑区，很可能是因为人脑喜欢识别并预测模式，而音乐恰好有可识别、可预测的模式（音调、节拍、旋律、和声等）。音乐与生存的能力无关，但识别并预测模式是关系到生存的基本技能：人脑会从零散的视觉、听觉、嗅觉信息中自动筛选模式特征，来寻找潜在的危险生物与食物，自动判定“此处是否适合短暂休息或者长期栖息”等，例如“这片沙沙作响的树叶后面有没有老虎”“我闻到的烟味是不是意味着野火在逼近”。这种机制在人类社会的发展过程中或许产生了意料之外的作用：艺术与审美。系统不再满足于塑造机体，它开始塑造这个塑造的过程——不限于音乐。

@ 赵泠

12 | 05

星期四 冬月初五

印度人做菜为什么那么爱放香料？

12 | 05

星期四 冬月初五

首要原因当然是印度盛产香料。根据联合国粮农组织的统计，2011年，印度生产了全世界 75% 的香料，排名第二的孟加拉国和第五的巴基斯坦也都来自南亚，虽然数据有些古老，但格局不会有什么大的变化。印度大部分国土地处热带和亚热带，耕地充足，生物多样性丰富，是姜黄、豆蔻、胡椒等香料的原产地。而且印度国境两侧都面向大海，商贸区位优势明显，自古以来就和同样盛产香料的马来群岛、中南半岛和阿拉伯半岛南部保持贸易往来，不同种类的香料在印度沿海汇集，使印度成为世界香料种类最丰富、产量最大的地区之一。

@ag 獭

12 | 06

星期五 冬月初六

大雪

12 | 06

星期五 大雪

12 | 07

星期六 冬月初七

电线上的鸟都朝一个方向吗?

12 | 07

星期六 冬月初七

不一定。但很多时候，确实是一个朝向。一般来说，朝同一个方向的时候，都是有风的天气。鸟的身形是符合流体力学的，重量都集中在前半部分，后半部分主要是尾巴，在迎风飞行的时候风阻比较小，获得的升力更大。它们站在电线上的时候也是一个道理：它们都会迎着风，来减少风阻。另外，羽毛的朝向也是一个原因：如果它们背对着风，那么它们的毛就会被吹翻。还有，如果它们要起飞的话，迎着风起飞会更加方便。

@ 苏澄宇

12 | 08

星期日　冬月初八

感冒经常不吃药，硬挺着对身体好吗？

12 | 08

星期日 冬月初八

流行性感冒、病毒感染都是自限性疾病，它们的症状比较类似，药物大多数都是为了缓解症状，所以一些人认为没必要吃药——“反正吃不吃都是七天好利索”。对自限性疾病而言，免疫功能正常的个体完全可以通过免疫系统清除病原体。整个过程只需要几天的时间，即便不施加医学干预也可以自愈。所以为了减轻大家的病痛，以保证生活质量，同时为了避免其他继发损伤，针对症状的治疗就很有必要，也是自限性疾病的主要治疗手段。为了提升我们患病期间的生活质量、避免并发症，应该按时吃药。只要遵医嘱，在合理范围内服药，就不会伤身体。反而，如果不积极对症治疗，倒有可能对身体造成额外伤害。

@菲利普医生

孩子很认真地问我“人死了是不是会变成星星”，该如何与四岁的孩子谈论死亡？

12 | 09

星期一　冬月初九

12 | 09

星期一 冬月初九

我们体内的元素甚至比我们脚下这颗蓝色星球更为古老，氢元素来自宇宙大爆炸、碳元素来自恒星内部的核聚变、铁元素来自超新星的爆炸。

我们就是星辰的一部分，生于星辰，死后归于星辰。

我们就是星辰。

@千秋

12 | 10

星期二 冬月初十

猫为什么要吃老鼠？

12 | 10

星期二 冬月初十

老鼠含有大量蛋白质、一些脂肪和糖类、一些无机盐和若干种类的维生素、丰富的牛磺酸，并在“抵御猫的攻击”方面能力较弱。对猫来说，捕食老鼠消耗的营养物质，通常明显少于从老鼠身上取得的营养物质。另外，猫从老鼠身上感染致命病原体的概率存在但通常不高。而且，猫需要自己不能合成的牛磺酸来维持夜间的视力、神经发育、心肌与免疫系统的功能，这可以通过捕食老鼠来摄取。

@赵泠

为什么猪每天吃草、糠这些低热量没营养的东西还能长得这么肥?

12 | 11

星期三　冬月十一

12 | 11

星期三 冬月十一

首先，食量是关键。除此以外，作为杂食性动物，猪育肥还有一些其他因素。猪经过长期的选育，事实上对纤维素是有一定的消化能力的。比如，来自微生物学的证据发现，猪的肠道微生物可以很好地降解纤维素，从而产生挥发性脂肪酸（VFA），可以提供给猪高达 30% 的能量需求。

@ 李雷

12 | 12

星期四　冬月十二

人的脚趾远不如手指灵活，是退化了还是没进化？

12 | 12

星期四 冬月十二

有研究模型发现，脚后跟在我们冲刺跑步时提供的缓冲作用非常重要，而向内收的大拇指可以给我们提供相对平整的足底，有利于我们直立行走。显然，对已经适应并且能很好地直立行走、跑步的我们来说，脚指头和脚掌的形态是一种进化，或者准确来说，是一种演变过程中适应的表现。

@biokiwi

12 | 13

星期五　冬月十三

1000 年后人类依然在喝着可乐，会不会很可怕？

12 | 13

星期五 冬月十三

两万多年过去了，我们仍然在吃大米。还在两千年前成功忽悠到北方朋友一起吃大米。

@张口淡

12 | 14

星期六 冬月十四

猫为什么那么喜欢钻到盒子里?

12 | 14

星期六 冬月十四

猫咪总是喜欢找盒子钻可能有下面 3 点原因：

1. 盒子提供了一个封闭的环境，猫可以从中获得安全感和舒适感。出于猎手的本能，它们习惯暗中观察猎物，同时避免危险。几乎所有猫遇到紧张情况的第一反应都是后退、躲起来，这是它们的一种行为策略。

2. 猫在环境潮湿时会保持体温于 39℃，这个温度比人类要高。所以家猫要找温度适宜的场所休息，而盒子正好是绝佳的绝热材料，同时里面狭小的空间使猫蜷缩身体，散热更少。

3. 猫咪总会被一个里面黑漆漆的盒子勾起好奇心，常常会跳进去一探究竟。

@ 中科院物理所

为什么陆地上常见的动物都是两个鼻孔？

12 | 15

星期日　冬月十五

12 | 15

星期日 冬月十五

动物有两个鼻孔是为了让它闻到更多的气味。在正常情况下，鼻孔一边的流速远大于另一边，这种现象被称为鼻周期（nasal cycle）。气味的感知取决于气流速度，而不是气味是由左鼻孔还是右鼻孔闻到的。我们两个鼻孔因为流速不同，导致闻到的味道也略有不同，因此可以感受到更多的气味。如果只有一个鼻孔，那在同一个流速下，我们能感受到的气味就会少一半。

@ 苏澄宇

12 | 16

星期一　冬月十六

近视眼在老了以后会恢复并且中和老花眼吗?

12 | 16

星期一　冬月十六

不会。根据病变部位的不同，可以把近视的形成机制分为：眼球轴向伸长（这是近视的主要成因）、屈光性变化（通常是晶状体屈光过度）、角膜曲率变化、眼介质折射率变化。总而言之，近视是远物成像于视网膜前的屈光状态。而老花是一种正常的生理现象，一般在 35 岁后开始出现，是指眼睛逐渐失去对近距离物体的成像能力。老花的成因是晶状体老化失去弹性，使近物成像于视网膜后。近视和老花在成因上是截然不同的，但是近视患者的视力在老花发展的初期确实会有所改善，所以一般近视患者发觉自己老花出现得更迟。但这只是暂时的，随着时间的推移，近视患者依然会老花，无法看清近物，并且有可能会因为失去调节晶状体的能力，出现近远物都无法看清的情况。

@ 中科院物理所

12 | 17

星期二　冬月十七

为什么“霜之哀伤”字面上很酷，“火之高兴”则不然？

12 | 17

星期二 冬月十七

通常情况下，词汇的格调和使用频率是成反比的，越生僻有时越显得有文化，越能点燃我们内心的小世界。从生僻程度上看，很明显，“霜”高于“火”，“哀伤”高于“高兴”，“火之高兴”应该对应的是“冰之难受”，都显得有些平庸。

@Thinkraft

12 | 18

星期三 冬月十八

垃圾食品真的不健康吗?

12 | 18

星期三 冬月十八

所谓垃圾食品，只在当今“城市化环境下，人们体力劳动大量减少、热量消耗大幅降低、食品供给极大丰富”的条件下才被定义为“垃圾”——热量摄入远大于消耗，引起肥胖及相关的疾病。但是在今天，落后地区仍然有很多人连饭都吃不饱，没机会患上血糖高、脂肪肝、胆固醇超标等“现代疾病”就饿死了。人类普遍能吃饱饭的时间才不过百年，还无法摒弃对高热量的偏好，因为它对人类生存至关重要。

@Darius Ho

12 | 19

星期四 冬月十九

学生提前用完生活费是种怎样的体验？

12 | 19

星期四 冬月十九

对父母的关心问候增多了。

@ 猪都跑了

12 | 20

星期五　冬月二十

冬至除了饺子、汤圆等常见的食物，还有哪些地方有不一样的吃食呢?

12 | 20

星期五 冬月二十

在我们无锡，冬至吃汤圆、玉兰饼和拌馄饨这些软烂浓甜厚黏的吃食。而夏天吃的多是脆爽清淡之物，时令使然。所谓习惯，多是生活时令慢慢熬打出来的。说是规矩，其实最初多是因陋就简、以济饥寒。譬如我妈跟我说，我外婆独爱在冬至时吃拌馄饨，无他——想吃点有肉头的、想吃点味道浓的、想吃点红甜的，于是要拌馄饨：这样还得到店里来碗清汤，红白汤都吃得到。当然我外婆说起来，另有话说，俨然还是个口彩：“红彤彤暖热热地好过冬！”

@ 张佳玮

12
21
星期六
冬月廿一
冬至
知乎好问 · 甲辰「龙」 356/366

12 | 21

星期六 冬至

12 | 22

星期日 冬月廿二

为什么竹子长得这么快?

12 | 22

星期日　冬月廿二

竹子长高的速度比同等尺寸的其他植物快，主要原因是竹子的枝干分成多节、同时生长，同等尺寸的其他植物通常是顶端的分生组织在生长；而且，竹子的空心茎比同等尺寸的木本植物茎要轻得多。

@赵泠

有哪些外行看起来普通，但让内行直呼“在行”的家电？

12 | 23

星期一　冬月廿三

12 | 23

星期一　冬月廿三

“蒸烤炸焖炖一体机”——一个能大幅缩短烹饪时间的“神器”。或许对不少人而言，这个家电品类有些陌生。在外行人眼里，一体机外在上跟烤箱、微波炉、蒸箱相同，功能上就是几个产品的简单集合，没有什么特别的地方。但其实在一体机的选择上大有门道，选对“在行”的机器，能让烹饪者更省心省力。在选购“蒸烤炸焖炖一体机”时，大家要多关注烤管配置、蒸汽装置、蒸汽量、电机等方面——加热方式是怎样的？蒸、烤的效率如何？出汽量如何？蒸制过程中是否会出现滴水现象导致影响食物口感和卖相？外排蒸汽是否严重？以及机器是否方便清洗？……这些都关乎一体机的使用体验。

@ 卡老板 Camille

12 | 24

星期二　冬月廿四

去自首的路上被抓了还算自首吗？

12 | 24

星期二 冬月廿四

嫌疑人在去自首的路上被抓是否能够构成自首，需要根据具体情况进行判断。如果嫌疑人在自知被追捕之前主动向公安机关交代犯罪事实或者做出有关犯罪事实的供述，或者在被抓捕之前已经如实供述了自己的罪行，且嫌疑人去自首的行为并非因受到追捕或控制的压力而产生的，则可以被认定为自首。但如果嫌疑人只是口头上说要去自首，或者无法证明自己的自首行为是真实主动的，则不能被认定为自首。

@ 知更说法

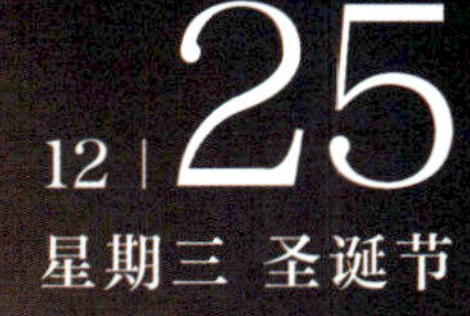

圣诞树顶端的星星叫什么名字？

星期三　冬月廿五

这颗星星叫作伯利恒之星。伯利恒被认为是耶稣出生的地方。

@诗与星空

12 | 26

星期四 冬月廿六

情侣会不会一直处于热恋期呢？

12 | 26

星期四 冬月廿六

生理学上，和爱情相关的激素主要有 PEA（苯基乙胺）、NA（去甲肾上腺素）和 DA（多巴胺）。男女之间擦出火花，不论是一见钟情还是日久生情，都是 PEA 制造的。可以回想一下，你和某位异性相处过程中，突然有一种“过电”的感觉，让你惊呼被爱情击中，这其实就是 PEA 的作用。PEA 在体内的高浓度水平，长则维持几年，短则几个月。当身体里的 PEA 浓度下降时，所谓的浪漫感觉也在慢慢消失。

@ 纸谈风月

12 | 27

星期五 冬月廿七

暖气片为什么会把墙体熏黑？原理是什么？

12 | 27

星期五 冬月廿七

熏黑的原因不是买到了山寨的暖气片，而是所谓的热泳现象，又叫索瑞特现象：当流体中有稳定的温度梯度存在时，流体中的固体颗粒会朝着温度较低的方向运动。定性来看，在高温区域流体分子运动更剧烈，对固体颗粒的撞击力更大，就把固体颗粒“推”到低温的地方去了。简单来说，因为暖气片和它背后 / 上方的冷墙面存在温度梯度，空气在流过它们之间时，颗粒物会被吸附到较冷的墙面上，导致墙壁被熏黑。

@ 中科院物理所

12 | 28

星期六 冬月廿八

流浪猫希望被收养，还是向往自由？

12 | 28

星期六 冬月廿八

流浪猫更愿意被人收养。通常，流浪猫的社会化程度较高、独自生存的能力较弱。比起在野外谋生，它们更信赖人类，更愿意向人类寻求帮助、获取资源。因此，它们往往适应回归室内、重新成为宠物猫的生活。对于人类来说，领养流浪猫是个好的选择。

野猫更愿意在外面生活。由于野猫社会化程度低，它们已经习惯了在野外独自觅食，对人类抱有很大的戒心，较难适应室内的生活。因此它们更倾向于在野外（自己的领地）生活。通常认为，在野外生活超过 8 周的野猫不适合收养。

@猫研所

生物是什么时候进化出屁股的？

12 | 29

星期日 冬月廿九

12 | 29

星期日 冬月廿九

屁股并不是严格的生物学名词，因此这个概念对不同的物种来说可能指代的是完全不同的部位。如果仅仅指的是肛门，肛门的起源依然困扰着科学界，不过我们还是相信肛门出现在寒武纪物种大爆发之前，科学界也认为应该从无脊椎动物着手查找肛门的起源，但是由于缺失化石证据，目前偏向于认为肛门可能起源于栉水母。如果指的是骨盆，最早应该出现于鱼类。如果指的是人类这种屁股，那可能并没有出现多久，今天的人与早期人类的屁股（骨盆）差异还是挺大的。

@五莲花开

12 | 30

星期一 冬月三十

你相信这世界上有穿越吗?

12 | 30

星期一 冬月三十

相信。昨天早晨我一睁眼，6:50，心想再眯 5 分钟，然后就穿越到了 2 个小时后的未来。穿越的过程没有什么特殊感受，甚至还想再穿一次。

@冷落

12 | 31

星期二 腊月初一

什么是人生的顶级享受？

12 | 31

星期二 腊月初一

总有一天，你会发现，吃得好、睡得香，就已经是人生的顶级享受了。

@ 风轻轻吹

图书在版编目（CIP）数据

知乎好问 / 知乎编著 . —北京：电子工业出版社，2023.9
ISBN 978-7-121-46289-4

Ⅰ . ①知… Ⅱ . ①知… Ⅲ . ①科学知识—普及读物 Ⅳ . ① Z228

中国国家版本馆 CIP 数据核字 (2023) 第 164457 号

书　　名：知乎好问
编 著 者：知　乎
出 品 方：知乎 BOOK

出版监制：张　娴　魏　丹
策　　划：雷清清　张雅喆
营销策划：崔偲林　胡刘程
装帧设计：郑思迪
特别支持：贺　靓　昝建宇

责任编辑：胡　南
文字编辑：赵诗文
印　　刷：天津善印科技有限公司
装　　订：天津善印科技有限公司
出版发行：电子工业出版社
　　　　　北京市海淀区万寿路 173 信箱　　　邮编：100036
开　　本：720 × 1000　1/32　印张：23.75　　字数：250.8 千字
版　　次：2023 年 9 月第 1 版
印　　次：2023 年 9 月第 2 次印刷
定　　价：108.00 元
凡所购买电子工业出版社图书有缺损问题，请向购买书店调换。若书店售缺，请与本社发行部联系，联系及邮购电话：（010）88254888，88258888。
质量投诉请发邮件至 zlts@phei.com.cn，盗版侵权举报请发邮件至 dbqq@phei.com.cn。
本书咨询联系方式：（010）88254210，influence@phei.com.cn，微信：yingxianglibook。

感谢广大知友为本日历提供内容支持，我们已努力核实所使用图文的版权人信息，若有遗漏，请联系知乎机构号 @ 知乎图书。

根据相关规定，对日历所选用的内容进行了修订，对不符合出版规定的内容进行了删改，对部分内容提供者的用户名做了处理，敬请理解。